RECUEIL

DE PIÈCES

CONCERNANT

L'ASSOCIATION

DE

BIENFAISANCE JUDICIAIRE,

FONDÉE EN 1787.

A PARIS,

Chez CLOUSIER, Imprimeur du ROI,
rue de Sorbonne.

IMPRIMÉ aux frais de M. le Duc
DE CHAROST, Pair de France.

M. DCC. LXXXIX.

JANVIER.

On nomme ainsi ce mois, à cause du dieu Janus, à qui le premier jour de l'Année civile avoit été consacré par les Romains.

Sol, au ♒ le 19 à 7 h. 20 min. du soir.

1	Jeudi	LA CIRCONCISION.	*Phases de*
2	Vend.	s. Basile.	*la Lune.*
3	Sam.	STE. GENEVIEVE.	
4	*Dim.*	s. Tite, Evêque.	
5	Lundi	s. Siméon Stylite.	Prem.
6	Mardi	L'EPIPHANIE.	Quart.
7	Merc.	ASSEMBLEE.	le 4 à 4 h.
8	Jeudi	Ier. BUR. JUD.	33 min. du
9	Vend.	s. Julien, Mart.	soir.
10	Sam.	s. Guillaume, Ev.	
11	1. *D.*	s. Ch. s. Pierre.	
12	Lundi	s. Tatiane, V. M.	Pleine
13	Mardi	Baptême de N. S.	Lune
14	Merc.	COMITÉ.	le 11 à 5
15	Jeudi	IIe. BUR. JUD.	h. 55 min.
16	Vend.	s. Fursi, Abbé.	du soir.
17	Sam.	s. Antoine, Abbé.	
18	2. *D.*	Chaire s. Pierre.	Dern.
19	Lundi	ste. Marie Beth ♒	Quart.
20	Mardi	ste. Agnès, V. M.	le 18 à 8
21	Merc.	ASSEMBLÉE.	h. 48 min.
22	Jeudi	IIIe. BUR. JUD.	du matin.
23	Vend.	s. Timothé, E. M.	
24	Sam.	Conv. s. Paul.	
25	3. *D.*	s. Polycarpe.	Nouv.
26	Lundi	s. Cyrille, Ev. D.	Lune
27	Mardi	s. Hygin.	le 26 à 6 h.
28	Merc.	COMITÉ.	30 min. du
29	Jeudi	IVe. BUR. JUD.	matin.
30	Vend.	ste. Bathilde, veuv.	
31	Sam.	s. Marcelle veuv.	

a 2

FÉVRIER.

Ainsi nommé de februare, expier, à cause que les Romains au commencement de ce mois offroient des Sacrifices d'expiation.

Sol. aux ♓ le 18 à 10 h. 12 min. du m.

1	4. *D.*	s. Ignace, Ev. M.	Phases de la Lune.
2	Lundi	PURIFICATION.	
3	Mardi	s. Blaise, Ev. M.	
4	Merc.	ASSEMBLÉE.	
5	Jeudi	Ier. BUR. JUD.	Prem. Quart.
6	Vend.	s. Felix, év. M.	
7	Sam.	s. Moyse, Evêq.	le 3 à 9
8	1. *D.*	*Septuagésime.*	h. 34 min.
9	Lundi	ste. Apolline, V. M.	du matin.
10	Mardi	ste. Scolast.	
11	Merc.	COMITÉ.	Pleine Lune
12	Jeudi	IIe. BUR. JUD.	
13	Vend.	s. Sévérin, Abbé.	le 10 à 4 h.
14	Sam.	s. Jean Mat.	17 min. du
15	2. *D.*	s. Valentin.	matin.
16	Lundi	s. Faustin.	
17	Mardi	s. Onésime, Evêq.	
18	Merc.	ASSEMBLÉE.	Dern. Quart.
19	Jeudi	IIIe. BUR. JUD.	
20	Vend.	s. Siméon, Ev. ♓	le 16 à 10
21	Sam.	s. Polychrone, M.	h. 19 min.
22	3. *D.*	*Sexagésime.*	du soir.
23	Lundi	s. Pépin, Duc.	
24	Mardi	Mardi gras.	Nouv. Lune
25	Merc.	COMITE.	
26	Jeudi	IVe. BUR. JUD.	le 25 à 1
27	Vend.	Chaire S. P. à A.	h. 23 min.
28	Sam.	s. Romain.	du matin.

Epacte....4. Lettre Dominicale D.

MARS.

Ainsi nommé, à cause du dieu Mars, au-
quel il avoit été consacré, comme premier
mois de l'Année Romaine.

Sol. au ♈ le 20 à 10 h. 38 min. du mat.

			Phases de la Lune.
1	1. D.	Quadragéfime.	
2	Lundi	s. Albin , Ev.	
3	Mardi	ste. Cunegonde, R.	
4	Merc.	ASSEMBLEE.	
5	Jeudi	Ier. BUR. JUD.	● Ptem. Quart.
6	Vend.	s. Cafimir , Roi.	
7	Sam.	s. Godegrand , E.	le 4 à 11 h.
8	2. D.	Reminifcere.	o min. du
9	Lundi	ste. Françoife.	foir.
10	Mardi	ste. Thomas d'Aq.	
11	Merc.	COMITÉ.	
12	Jeudi	IIe. BUR. JUD.	● Pleine Lune
13	Vend.	s. Sabin , Mart.	
14	Sam.	s. Mathilde, Rein.	le 11 à 1
15	3. D.	Oculi.	h. 59 min.
16	Lundi	ste. Gertrude.	du foir.
17	Mardi	s. Longin , Mart.	
18	Merc.	ASSEMBLEE.	● Dern. Quart.
19	Jeudi	IIIe. BUR. JUD.	
20	Vend.	s. Eufebe , Pape.	le 18 à 1 h.
21	Sam.	s. Caftule , M.	24 min. du
22	4. D.	Lœtare.	foir.
23	Lundi	App. s. Michel.	
24	Mard.	COMITÉ.	
25	Merc.	L'ANNONCIATION.	☉ Nouv. Lune
26	Jeudi	IVe. BUR. JUD.	
27	Vend.	s. Pélage.	le 26 à 6
28	Sam.	s. Eutiche.	h. 55 min.
29	5. D.	La Paffion.	du foir.
30	Lundi	s. Rieul.	
31	Mardi	s. Juftin , M.	

AVRIL.

Ainſi nommé d'aperire, qui ſignifie ou-
vrir, le germe des plantes commençant
dans ce mois d'ouvrir le ſein de la terre.

Sol. au ♉ le 19 à 11 h. 22 min. du ſoir.

1	Merc	ASSEMBLÉE.	*Phaſes de*
2	Jeudi	Ier. BUR. JUD.	*la Lune.*
3	Vend	s. Ambroiſe, év. d.	
4	Sam.	s. Rieul, Évêque.	
5	6. D.	*Les Rameaux.*	Prem.
6	Lundi	s. Gautier , Abbé.	Quart.
7	Mardi	s. Balbine , Vierge.	le 3 à 8
8	Merc.	COMITÉ.	h. 39 min.
9	Jeudi	IIe. BUR. JUD.	du matin.
10	Vend.	*Vendredi Saint.*	
11	Sam.	s. Léon, P.	
12	1. D.	*PAQUES.*	Pleine
13	Lundi	s. Philippe.	Lune
14	Mardi	s. Marcien.	le 9 à 11 h.
15	Merc.	ASSEMBLÉE.	h. 33 min.
16	Jeudi	IIIe. BUR. JUD.	du ſoir.
17	Vend.	s. Jules , Pape.	
18	Sam.	s. Anicet , P. M.	Dern.
19	2. D.	*Quaſimodo.*	Quart.
20	Lundi	s. Appollon, M. ♈	le 17 à 7
21	Mardi	s. Timon, D. M. ♉	h. 57 min.
22	Merc.	COMITÉ.	du matin.
23	Jeudi	IVe. BUR. JUD.	
24	Vend.	ste. Beuve.	
25	Sam.	s. Marc , *Alſt.*	Nouv.
26	3. D.	s. Authaire, Con. †	Lune
27	Lundi	ste. Floberde, V.	le 25 à 10
28	Mardi	Tr. de s. Faron. *	h. 6 min.
29	Merc.	St. Eutrope.	du matin.
30	Jeudi	s. Maur , Abbé.	

MAI.

Ainsi nommé de ce qu'il étoit dédié aux anciens Citoyens Rom., dits Majores. C'est le troisième mois de l'Année Rom.

Sol. aux ♊ le 20 à 11 h. 57 min. du soir.

1	Vend	s. Jacq. s. Phil.	*Phases de*
2	Sam.	Inv. ste. Croix. *	*la Lune.*
3	3. D.	ste. Moniq. veuv	
4	Lundi	Transl. s. Ouen.	
5	Mardi	s. Papias, Evêq.	Prem.
6	Merc.	ASSEMBLÉE.	Quart.
7	Jeudi	Ier. BUR. JUD.	le 2 à 3
8	Vend.	Tr. ste. Fare. * †	h. 11 min.
9	Sam.	s. Grégoire Naz.	du soir.
10	4. D.	s. Epiphane, Ev.	Pleine
11	Lundi	s. Hospice, Conf.	Lune
12	Mardi	s Servais.	le 9 à 9 h.
13	Merc.	COMITÉ.	32 min. du
14	Jeudi	IIe. BUR. JUD.	matin.
15	Vend.	s. Félix, P. M.	
16	Sam.	s. Servais.	
17	5. D.	s. Hildevert.	Dern.
18	Lundi	*Rogations.*	Quart.
19	Mardi	ste. Marine, V.	le 17 à 1
20	Merc.	ASSEMBLÉE.	h. 53 min.
21	Jeudi	IIIe. BUR. JUD.	du matin.
22	Vend.	s. Basilide, M.	Nouv.
23	Sam.	s. Gervais, s. Pr.	Lune
24	6. D.	s. Pancrace.	le 24 à 10
25	Lundi	s. Cyriaque, D. M	h. 30 min.
26	Mardi	s. Hubert.	du soir.
27	Merc	COMITÉ.	Prem.
28	Jeudi	IVe. BUR. JUD.	Quart.
29	Vend	s. Macaire, évêq.	le 31 à 7 h.
30	Sam.	*Vigile-jeûne.*	53 min. du
31	Dim.	PENTECOTE.	soir.

JUIN,

Ainſi nommé de ce qu'il étoit dédié à la Jeuneſſe Rom. qu'on appelloit Juniores. C'eſt le quatrième mois de l'Année Rom.

Sol. au ♋ le 21 à 8 h. 38 min. du matin.

1	Lundi	s. Pamphile.	*Phaſes de*
2	Mardi	s. Pothin, év. M.	*la Lune.*
3	Merc	ASSEMBLÉE.	
4	Jeudi	Ier. BUR. JUD.	
5	Vend.	s. Zacharie, M.	● Pleine
6	Sam.	s. Medard, év.	Lune
7	1. D.	La Trinité.	le 7 à 8 h.
8	Lundi	s. Antoine de P.	16 min. du
9	Mardi	s. Landry.	ſoir.
10	Merc.	COMITÉ.	
11	Jeudi	LA FESTE-DIEU.	
12	Vend.	IIe. BUR. JUD.	◐ Dern.
13	Sam.	s. Bazile.	Quart.
14	2. D.	s. Leufroy, Ab.	le 15 à 7
15	Lundi	st. Cyr, Julitte M.	h. 14 min.
16	Mardi	s. Philippe Nér. C.	du ſoir.
17	Merc.	ASSEMBLÉE.	
18	Jeudi	Oct. DE LA F. D.	
19	Vend.	IIIe. BUR. JUD.	☉ Nouv.
20	Sam.	s. Paulin, évêq.	Lune
21	3. D.	s. Solipatre, Conf.	le 23 à 8
22	Lundi	s. Juvence, M.	h. 14 min.
23	Mardi	COMITÉ.	du matin.
24	Merc.	N. s. JEAN BAP.	
25	Jeudi	IVe. BUR. JUD.	◑ Prem.
26	Vend.	s. Callixte, P. M.	Quart.
27	Sam.	*Vigile-jeûne.*	le 30 à 0
28	4. D.	s. Creſcent, M.	h. 25 min.
29	Lundi	s. PIERRE S. PAUL.	du matin.
30	Mardi	Com. de s. Paul.	

JUILLET.

Ainsi nommé pour honorer la naissance de J. César; auparavant on appelloit ce mois Quintilis, étant le 5 de l'Année Rom.

Sol. au ♌ le 22 à 7 h. 28 min. du soir.

1	Merc.	ASSEMBLÉE.	*Phases de*
2	Jeudi	Ier. BUR. JUD.	*la Lune.*
3	Vend.	s. Anatole, évêq.	
4	Sam.	Transf. s. Mart.	
5	5. *D.*	s. Zoë, Martyre.	● Pleine
6	Lundi	s. Goar, Prêtre.	Lune
7	Mardi	ste. Aubierge, V. †	le 7 à 8
8	Merc.	COMITÉ.	h. 40 min.
9	Jeudi	IIe. BUR. JUD.	du matin.
10	Vend.	s. Jean, Gualb. A.	
11	Sam.	S. Anaclet, P. M.	
12	6. *D.*	s. Bonavent. E. D.	☽ Dern.
13	Lundi	s. Fullate, Mart.	Quart.
14	Mardi	s. Arnoulf, évêq.	le 15 à 11
15	Merc.	ASSEMBLÉE.	h. 30 min.
16	Jeudi	IIIe. BUR. JUD.	du matin.
17	Vend.	s. Victor, Mart.	
18	Sam.	s. Apollinaire, év.	○ Nouv.
19	7. *D.*	s. Célestin, Pape.	Lune
20	Lundi	ste. Stude, Vierge.	le 22 à 4
21	Mardi	ste Anne, M. V. M.	h. 10 min.
22	Merc.	COMITÉ.	du soir.
23	Jeudi	IVe. BUR. JUD.	
24	Vend.	ste. Christine, v. M.	
25	Sam.	s. Jacq. s. Christ.	◑ Prem.
26	8. *D.*	s. Dioscore, M.	Quart.
27	Lundi	s. Victor, P. M.	le 29 à 5 h.
28	Mardi	s. Yves, Prêtre.	29 min. du
29	Merc.	s. Loup.	matin.
30	Jeudi	s. Abdon, M.	
31	Vend.	s. Germain d'Aux.	

AOUST.

Augustus, à cause qu' Auguste est né dans ce mois; avant cela on le nommoit Sextilis, étant le 6 en comptant par Mars.

Sol. à la ♍ le 23 à 1 h. 47 min. du mat.

1	Sam.	s. Pierre aux liens.	*Phases de la Lune.*
2	9. D.	s. Etienne, P. M.	
3	Lundi	Invent. de s. Et. †	
4	Mardi	s. Dominique. C.	
5	Merc.	ASSEMBLÉE.	Pleine
6	Jeudi	Ier. BUR. JUD.	Lune
7	Vend.	s. Gaëtan, Conf	le 5 à 10 h.
8	Sam.	s. Hormisdas, M.	36 min. du
9	10. D.	s. Romain, M.	soir.
10	Lundi	s. Laurent.	
11	Mardi	suscep. Couronne.	
12	Merc.	COMITÉ.	Dern.
13	Jeudi	IIe. BUR. JUD.	Quart.
14	Vend.	*Vigile-jeûne.*	le 14 à 2
15	Sam.	ASSOMPTION.	h. 14 min.
16	11. D.	s. Roch, Conf. *	du matin.
17	Lundi	s. Mammès, M.	
18	Mardi	ste. Helène, Imp.	
19	Merc	ASSEMBLÉE.	Nouv.
20	Jeudi	IIIe. BUR. JUD.	Lune
21	Vend.	s. Bern. s. Filb. †	le 20 à 11
22	Sam.	s. Chantal, veuv.	h. 27 min.
23	12. D.	s. Philippe, C. ♍	du soir.
24	Lundi	s. Barthél. Ouen. †	
25	Mardi	s. LOUIS, Roi.	
26	Merc.	COMITÉ.	Prem.
27	Jeudi	IVe. BUR. JUD.	Quart.
28	Vend.	Décoll. s. Jean-B.	le 27 à 3
29	Sam.	s. Ail, Abbé.	h. 23 min.
30	13. D.	s. Fiacre, S. † *	du soir.
31	Lundi	s. Augustin, Év.	

SEPTEMBRE.

Ce mois s'appelle September, parce qu'au-trefois l'Année commençant en Mars, il étoit le septième.

Sol. aux ♎ le 22 à 10 h. 12 min. du soir.

1	Mardi	s. Leu , évêque.	*Phases de*
2	Merc	ASSEMBLÉE.	*la Lune.*
3	Jeudi	Ier, BUR. JUD.	
4	Vend.	s. Cagnou , évêq.	
5	Sam.	s. Grégoire , Pape.	🌕 Pleine
6	14. *D*	s. Eleuthere.	Lune
7	Lundi	VACANCES.	le 4 à 2 h.
8	Mardi	NATIVITÉ N. D.	16 min. du
9	Merc.	s. Omer.	soir.
10	Jeudi	s. Maixme , Abbé.	
11	Vend	s. Patient , évêq.	
12	Sam.	s. Raphael.	🌗 Dern.
13	15. *D.*	S. Mautille , évêq.	Quart.
14	Lundi	Exaltat. ste. Cr. ✱	le 12 à 3
15	Mardi	s. Erre , évêque.	h. 3 min.
16	Merc.	*Quatre-Tems.*	du soir.
17	Jeudi	s. Corneille.	
18	Vend.	s. Lambert.	
19	Sam.	s. Ferréole , Mart	☉ Nouv.
20	16. *D.*	s. Janvier , Matt.	Lune
21	Lundi	s. Mathieu , Evan.	le 19 à 7
22	Mardi	s. Maurice , M. ♎	h. 15 min.
23	Merc.	s. Thecle.	du matin.
24	Jeudi	s. Andoche , Prêt.	
25	Vend.	s. Firmin , évêq.	🌑 Prem.
26	Sam.	ste. Justine.	Quart.
27	17. *D.*	s. Co. s. Dam. M.	le 26 à 3
28	Lundi	s. Exupere , évêq.	h. 57 min.
29	Mardi	s. Mich. ss. Anges.	du matin.
30	Merc.	s. Jérôme.	

OCTOBRE.

Ce mois est ainsi nommé, parce qu'en comptant par Mars, il est le huitième de l'Année Romaine.

Sol. au ♏ le 13 à 6 h. 6 min. du mat.

1	Jeudi	s. Remy, év.	*Phases de*
2	Vend.	6s Anges Gard.	*la Lune.*
3	Sam.	s. Patus, Prêtre. †	
4	18. D.	s. François d'Assis.	
5	Lundi	s. Placide, M.	Pleine
6	Mardi	s. Bruno, Conf.	Lune
7	Merc.	s. Serge.	le 4 à 7
8	Jeudi	s. Libiaire, v. M.	h. 14 min.
9	Vend.	s. DENIS, év. M.	du matin.
10	Sam.	s. Paulin.	
11	19. D.	s. Gomet.	
12	Lundi	s. Avagre, M.	Dern.
13	Mardi	Tr. s. Erigisile.	Quart.
14	Merc.	s. Calixte.	le 12 à 1
15	Jeudi	ste. Thérèse.	h. 46 min.
16	Vend.	s. Gal, Abbé.	du matin.
17	Sam.	ste. Marthe, Vier.	
18	20. D.	s. Luc, Evang.	
19	Lundi	s. Aquilin, évêq.	Nouv.
20	Mardi	s. Caprais, M.	Lune
21	Merc.	ste. Ursule.	le 18 à 4
22	Jeudi	s. Donat, évêque.	h. 28 min.
23	Vend.	s. Syre, Vierge.	du soir.
24	Sam.	s. Magloire.	
25	21. D.	s. Crép. s. Crép.	Prem.
26	Lundi	ste. Gibitrude, V.	Quart.
27	Mardi	s. Frumence, év.	le 25 à 8 h.
28	Merc.	s. Simon, s. Ju.	17 min. du
29	Jeudi	s. Faron, év. † *	soir.
30	Vend.	s. Lutain, Mart.	
31	Sam.	*Vigile jeûne.*	

NOVEMBRE.

*Ainſi nommé, parce qu'il eſt le neuvième
de l'Année Romaine.*

Sol, au ♐ le 22 à 2 h, 19 min, du mat.

			Phaſes de la Lune.
1	21. D.	LA TOUSSAINT,	
2	Lundi	*Trépoſſés.*	
3	Mardi	s. Hubert, évêq.	
4	Merc.	s. Charles.	
5	Jeudi	ste. Bertile, Vier.	● Pleine
6	Vend.	s. Léonard, Sol.	Lune
7	Sam.	s. Mélaſippe, C.	le 3 à 0
8	23. D.	stes. Reliques. ✝ *	h. 22 min,
9	Lundi	s. Théodore, M.	du matin.
10	Mardi	s. Tryphon, M.	
11	Merc.	RENTR. COM.	
12	Jeudi	IIᵉ. BUR. JUD.	● Dern.
13	Vend.	s. Sidoine, Sol.	Quart.
14	Sam.	s. Edmond, év.	le 10 à 10
15	24. D.	s. Agnan, év.	h. 39 min,
16	Lundi	ste. Eliſabeth, veu.	du matin.
17	Mardi	ste. Céline, V ✝ *	
18	Merc.	ASSEMBLÉE.	
19	Jeudi	IIIᵉ. BUR. JUD.	☉ Nouv.
20	Vend.	Préſ. N. Dame. ♐	Lune
21	Sam.	s. Gui, Confeſſ.	le 17 à 3
22	25. D.	ste. Cécile, V. M.	h. 38 min,
23	Lundi	s. Clément, P. M.	du matin.
24	Mardi	s. Chryſogone, M.	
25	Merc.	COMITÉ.	● Prem,
26	Jeudi	IVᵉ. BUR. JUD.	Quart.
27	Vend.	s. Séverin, Sol.	le 24 à 3 h.
28	Sam.	s. Saturnin, M.	51 min, du
29	1. D.	*Avent.*	ſoir.
30	Lundi	s. André, Ap.	

DÉCEMBRE.

Ce mois est enfin nommé December, parce qu'il est le dixième de l'Ann. Romaine, en commençant l'Année par Mars.

Sol. au ♑ le 21 à 2 h. 42 min. du soir.

			Phases de la Lune.
1	Mardi	s. Eloi Evêq.	
2	Merc.	ASSEMBLÉE.	
3	Jeudi	Ier. BUR. JUD.	
4	Vend.	ste. Barbe, V. M.	
5	Sam.	s. Sabas.	Pleine Lune
6	2. D.	s. Sabas, Abbé.	le 2 à 4
7	Lundi	s. Nicolas, évêq.	h. 48 min.
8	Mardi	CONCEPT. N. D.	du soir.
9	Merc.	COMITÉ.	
10	Jeudi	IIe. BUR. JUD.	
11	Vend.	s. Fuscien, Victor.	
12	Sam.	ste. Luce, V. M.	Dern. Quart.
13	3. D.	s. Nicaise, év. M.	le 9 à 6
14	Lundi	s. Maximin, Conf.	h. 26 min.
15	Mardi	s. Lazare, év.	du soir.
16	Merc.	ASSEMBLÉE.	
17	Jeudi	IIIe. BUR. JUD.	
18	Vend.	s. Timoth. DIA. M.	
19	Sam.	s. Zénon, M.	Nouv. Lune
20	4. D.	s. Euthime, M.	le 16 à 4
21	Lundi	s. Thomas, Ap.	h. 52 min.
22	Mardi	ste. Victoire, V. M.	du soir.
23	Merc.	COMITÉ.	
24	Jeudi	IVe. BUR. JUD.	
25	Vend.	NOEL.	Prem. Quart.
26	Sam.	s. ETIENNE. M. †	le 24 à 1
27	Dim.	s. JEAN L'EVANG	h. 10 min.
28	Lundi	Les SS. innocens.	du soir.
29	Mardi	s. Thomas de C.	
30	Merc.	s. Sabin.	
31	Jeudi	s. Silvestre.	

LISTE

DES OFFICIERS

DE L'ASSOCIATION

DE

BIENFAISANCE JUDICIAIRE,

ET

DES MEMBRES

DU COMITÉ D'ADMINISTRATION,

Pour l'Année 1789.

LISTE
DES OFFICIERS
DE L'ASSOCIATION
DE BIENFAISANCE JUDICIAIRE.

OFFICIERS.

M. le Duc DE CHAROST, Pair de France, Préſident.

M. BOUCHER D'ARGIS, Conſeiller au Châtelet, ſecond Préſident.

M. CHUPPIN, Conſeiller au Parlement, troiſième Préſident.

M. MOREAU, Conſeiller d'Etat, premier Rapporteur.

M. BODKIN DE FILZT GERALD, Conſeiller au Parlement, ſecond Rapporteur.

M. BARON, Conſeiller au Châtelet, Secrétaire.

M. *Fauconnier* avocat au Parlu Secrétaire-Adjoint.

M. PINON DU COUDRAI, Tréſorier.

A 3

MEMBRES DU COMITÉ

D'ADMINITRATION.

- M. le Duc DE GESVRES, Pair de France.
- M. PETIT, Procureur au Parlement.
- M. le Comte DU ROURE.
- M. LE SÉNÉCHAL, Adminiſtrateur des Domaines.
- M. MAUGIS, Procureur au Châtelet.
- M. FAGNIER DE MARDEUIL, Conſeiller au Parlement.
- M. DOSFANT, Notaire au Châtelet.
- M. DE JOLI, Avocat aux Conſeils.
- M. LE CURÉ DE ST-GERMAIN-L'AUXER-ROIS.
- M. PREVOST DE SAINT-LUCIEN, Avocat au Parlement.
- M. HUREL, Payeur des Rentes.
- M. DUMOULIN, ancien Directeur des Domaines.

COMPOSITION
DU COMITÉ JUDICIAIRE.

Pour l'Année 1789.

PREMIER BUREAU.

M. FLAMENT, Procureur au Parlement.

M. GRANDIN, Commissaire au Châtelet.

M. DE LA BONNE, Procureur au Châtelet.

M. DE HERAIN, Notaire au Châtelet.

M. DE SEZE, Avocat au Parlement.

M. DULYS, ancien Lieutenant - Criminel au Châtelet.

M. BOUCHÉ D'URMONT, Avocat aux Conseils.

M. DIÈRES, Conseiller à la Cour des Aides.

M. l'Abbé DE BARMOND, Conseiller au Parlement.

A 4

SECOND BUREAU.

M. Foisi de de Tremont, Avocat au Parlement.

M. Charpentier, Procureur au Châtelet.

M. De la Malle, Avocat au Parlement.

M. De la Monnoie, Procureur au Parlement.

M. Dubois, Commissaire au Châtelet.

M. Castel, Notaire au Châtelet.

M. Jourdain, Avocat aux Conseils.

M. Clavier, Conseiller au Châtelet.

M. Bourrée de Corberon, Conseiller au Parlement.

TROISIÈME BUREAU.

M. FAUCONNIER, Avocat au Parlement.

M. MAIGNAN DE SAVIGNI, Avocat au Parlement.

M. BRELUT DE LA GRANGE, Notaire au Châtelet.

M. BIEN-AIMÉ, Subſtitut de Monſieur le Procureur-Général.

M. GODARD, Avocat au Parlement.

M. CHAMPION DE VILLE-NEUVE, Avocat aux Conſeils.

M. COLIN, l'aîné, Procureur au Châtelet.

M. PELLETIER DE RILLY, ancien Procureur au Parlement.

M. PULLEU, Avocat au Parlement.

QUATRIÈME BUREAU.

M. CHÉPY, Procureur au Parlement.

M. GUICHARD, Procureur du Roi du
  Bureau des Finances.

M. RIOT, Greffier au Châtelet.

M. DE BRUGE, Procureur au Châtelet.

M. PICARD, Avocat au Parlement.

M. DAUPHINOT, Avocat au Parlement.

M. MAUGIS, Avocat aux Conseils.

M. MONGINOT, Maître-des-Comptes.

M. GIBERT DE L'ISLE, Notaire au Châtelet.

COMMISSAIRES

A LA RÉVISION DES STATUTS.

M. Fauconnier.
M. De la Monnoie.
M. Brelut de la Grange.
M. Dauphinot.
M. Testart du Lys.
M. Pelletier de Rilly.

COMMISSAIRES

Aux Assemblées.

M. Davoust.
M. Agasse de Cresne.

PAR *Délibération de l'Assemblée
générale du 18 Mars 1789, le
Chapitre fuivant a été provifoire-
ment ajouté aux Règlemens.*

SECONDE PARTIE.

CHAPITRE IV.

DES *Commiffaires intermédiaires choifis
parmi les Affociés qui ne font pas de
l'Ordre Judiciaire, & de leurs fonctions
en faveur des perfonnes qui doivent être
fecourues par l'Affociation.*

ARTICLE PREMIER.

L'ASSOCIATION a reconnu : 1°. Qu'il
ne fuffit pas à un infortuné d'être admis
au fecours, que fon Affaire ait été rapportée
dans un Bureau Judiciaire, qu'on y ait
décidé qu'elle fera fuivie aux frais de

l'Aſſociation, & qu'on lui ait donné des
défenſeurs; que ce client de l'Aſſociation
a encore ſpécialement beſoin d'un ami
généreux qui veuille bien s'intéreſſer à faire
accélérer l'inſtruction & le jugement de
ſon affaire, & ſe joindre aux défenſeurs
pour ſon heureux ſuccès, ou à ménager
& faire réaliſer la conciliation dont l'affaire
peut être ſuſceptible.

2º. Que les fonctions de cette eſpèce
de Patronage peuvent être remplies par
les Aſſociés qui ne ſont pas de l'Ordre
Judiciaire ; & qu'en les leur confiant,
c'eſt leur procurer l'avantage & leur donner
la ſatisfaction de coopérer d'autant plus
à la miſe de bienfaiſance des Aſſociés de
l'Ordre Judiciaire.

Enfin, que la corporation de ces Commiſſaires, qui s'aſſembleroient une fois par
mois, formeroit un chaînon véritablement
utile à la proſpérité de l'Aſſociation, par
les relations qu'elle pourroit avoir active-
ment & paſſivement, tant avec les Bureaux
Judiciaires & les défenſeurs, qu'avec le

Comité d'Administration, toutes les fois
que l'intérêt des cliens & de leurs affaires
l'exigeroit : En conféquence.

A r t. I I.

Tous ceux des Membres de l'Affociation qui ne font pas de l'Ordre Judiciaire,
& qui voudront remplir les fonctions de
Commiffaires intermédiaires dont il s'agit,
feront invités à fe faire connoître à l'Adminiftration, & s'y faire infcrire fur un
regiftre à ce deftiné.

A r t. I I I.

Le Commiffaire fera défigné fur le
Mémoire en fecours de la partie, en
même-temps que le Rapporteur à l'un des
Bureaux Judiciaires.

A r t. I V.

Ce Commiffaire fera nommé par ordre
d'ancienneté d'infcription dans l'Affociation; on préférera néanmoins un Affocié
qui aura été demandé dans le Mémoire en

secours, pourvu que cet Associé ne soit pas de l'Ordre Judiciaire, & qu'il se fasse inscrire au rang des Commissaires.

A R T. V.

Les fonctions de ce Commissaire commenceront du jour que le client aura été admis par le Comité d'Administration, & continueront jusqu'au jugement définitif, ou jusqu'à une transaction, & leur exécution inclusivement.

A R T. V I.

En cas d'impossibilité d'accepter ou de continuer son service, le Commissaire en préviendra l'Administration, qui en nommera un autre.

A R T. V I I.

Le Commissaire sera instruit de sa nomination, de celle du Rapporteur, & du jour où l'affaire sera rapportée au Bureau Judiciaire par une lettre de l'Agent, que la partie remettra elle-même, autant que faire fe pourra, au Commiffaire, pour en être connue, & lui donner une première idée de fon affaire.

V I I I.

Le Commiffaire fe trouvera au Bureau Judiciaire, pour y entendre rapporter l'affaire, fera admis au fecret de la Délibération, fans néanmoins avoir voix délibérative, n'étant pas de l'Ordre Judiciaire, mais pour prendre une parfaite connoiffance de l'affaire dès le principe, & pouvoir plus promptement & plus efficacement réalifer l'avis du Bureau, tant fur les éclairciffemens provifoires, dont on pourra avoir befoin pour admettre la caufe, que fur les démarches de conciliation, par lefquelles il eft de l'efprit de l'Affociation de débuter dans tous les procès.

A r t. I X.

L'Agent inftruira le Commiffaire des noms des défenfeurs nommés au client, dont les intérêts lui font confiés.

ART. X.

LE Commiſſaire ſe donnera la peine de voir les défenſeurs, autant que ſa prudence & ſon zèle l'y détermineront, pour accélérer l'inſtruction, & faire ce que ces défenſeurs lui repréſenteront être utile & deſirable.

ART. XI.

LORSQUE les défenſeurs reconnoîtront, dans le cours de l'inſtruction, la néceſſité de conſulter de nouveau le Bureau Judiciaire où l'affaire aura été admiſe, le Commiſſaire, à qui ils en auront fait part, fera les démarches néceſſaires pour procurer un nouvel examen de cette affaire dans ce Bureau, & requérera pour ce, ſi le cas l'exige, une Aſſemblée extraordinaire du même Bureau, à laquelle les défenſeurs & le Commiſſaire aſſiſteront.

ART. XII.

LES Commiſſaires s'aſſembleront une fois par mois dans une Salle du Châtelet,

& feront préfidés par le plus ancien d'entre-eux en infcription.

ART. XIII.

CHACUN des Commiffaires fera invité, par le Préfident de l'Affemblée, à donner la notice de l'état où en font les affaires dont les intérêts lui font confiés, dont il fera fait regiftre fommairement, ou de telle autre manière ; qu'il en réfulte que, de mois en mois, l'Affemblée générale des Commiffaires puiffe juger des progrès de l'inftruction de chaque affaire.

ART. XIV.

QUAND une affaire fera terminée, par jugement ou tranfaction, le Commiffaire rapportera l'extrait du jugement ou de la tranfaction & de leur exécution à l'Affemblée des Commiffaires ; il voudra bien auffi en faire part au Bureau Judiciaire, où l'affaire aura été admife, & l'Agent en fera mention fur les regiftres des Délibérations, en marge ou au pied de celle qui concerne ladite affaire.

ART. XV.

ENFIN, les Commiſſaires rendront à l'Aſſociation, aux parties & à leurs défenſeurs, tous les ſervices que l'on ne peut prévoir ni calculer, & que leur inſpireront leur zèle, leur prudence & leur eſprit de bienfaiſance.

DE
LA BIENFAISANCE
DANS
L'ORDRE JUDICIAIRE.

DISCOURS,

Dans lequel on prouve la nécessité de donner aux Pauvres des Défenseurs gratuits, & l'obligation d'indemniser ceux qui, ayant été accusés, décrétés & emprisonnés à la requête du Ministère public, ont ensuite obtenu des Jugemens absolutoires.

PRONONCÉ dans la première Assemblée de l'Association de Bienfaisance Judiciaire, tenue au Châtelet de Paris, avec la permission de S. M., le Lundi 14 Janv. 1788. *Par M. BOUCHER D'ARGIS, Conseiller au Châtelet de Paris, des Académies de Rouen, Chaalons sur Marne, &c.*

MESSIEURS,

IL n'est donné qu'aux Rois ou aux Empires de pouvoir exercer cette bienfaisance universelle, qui embrasse indif-

tinctement toutes les claſſes d'infortunés, & qui, dans l'étendue d'une vaſte
domination, ne laiſſe à ſecourir que
les malheureux qui ont échappé à ſes
recherches.

Le ſimple Citoyen, dont la fortune
a des bornes, eſt obligé d'en mettre
lui-même à la plus douce de toutes les
jouiſſances. Comme ces ruiſſeaux qui
coulent d'une même ſource, & qui,
en s'éloignant, obéiſſent à la pente qui
leur a été donnée par la nature, chacun
ſuit l'impulſion de ſes rapports avec la
ſociété. L'un nourrit un père accablé
par les ans, & acquitte ainſi la dette
la plus ſacrée de la reconnoiſſance;
l'autre répand ſes bienfaits ſur un ami
dont il prévient la ruine, le déſhon-
neur & le déſeſpoir. Celui qui n'a point
à ſacrifier à des intérêts auſſi chers,
accueille avec bonté tous les indigens
qui viennent lui demander des ſecours,
& va même au-devant de ceux qui
craignent de dévoiler leur miſère.

Mais il eſt un genre de bienfaiſance
réſervé au Magiſtrat; » il ne doit pas

» attendre, dit M. d'Aguesseau, que
» les cris de la Veuve & de l'Orphelin
» viennent troubler son repos pour im-
» plorer le secours de sa Justice contre
» l'oppression du riche & du puissant ;
» son cœur entendra la voix sourde de
» leur misère avant que ses oreilles
» soient frappées du bruit de leurs
» plaintes ; & il ne s'estimera jamais
» plus heureux, que lorsqu'il pourra
» jouir de la satisfaction d'avoir rendu
» justice à ceux mêmes qui n'étoient
» pas en état de la lui demander «.

Je me suis pénétré, Messieurs, des
principes de ce grand homme, j'y ai
lu mes devoirs, & je me suis efforcé
de les remplir.

J'ai vu les abus qui naissent de l'ordre
Judiciaire ; j'ai vu la lutte inégale de la
foiblesse contre la force, de la pauvreté
contre l'opulence ; j'ai vu l'innocence
injustement accusée ; je l'ai vue dans les
fers, soumise à des humiliations & à
des épreuves cruelles ; je l'ai vue triompher, & cependant réduite aux der-
nières extrémités de l'indigence ; mon

ame s'eft indignée, & néanmoins je n'ai désespéré ni des Loix, ni de la vertu de mes Compatriotes ; j'ai appelé la commifération publique, & j'ai été affez heureux pour l'intéreffer.

Permettez-moi donc, Meffieurs, de remettre fous vos yeux, & de donner quelques développemens aux grands motifs qui nous réuniffent aujourd'hui.

Dans une première Partie, j'établirai la néceffité de donner aux Pauvres des Défenfeurs gratuits ; & je prouverai dans la feconde, l'obligation d'indemnifer ceux qui, ayant été accufés, décrétés & emprifonnés à la requête du Miniftère public, ont enfuite obtenu des Jugemens abfolutoires.

PREMIÈRE PARTIE.

Le Fondateur de la Métropole du Monde, de cette Cité fameufe, dont la deftinée extraordinaire devoit être de commander à l'Univers par fes dogmes, après l'avoir fubjugué par fes armes, Romulus, ayant partagé fon Peuple en deux claffes, avoit voulu prévenir les

divisions qui pouvoient naître de l'iné-
galité des rangs & des fortunes. Pour at-
teindre ce but, dont la politique étonne
quand on la compare avec les tems &
les circonstances, il avoit établi entre
le Sénat & le Peuple des rapports qui
les lioient l'un à l'autre, par une cor-
respondance de devoirs & de services,
& dont l'alternative tempérant l'orgueil
de l'ordre supérieur, adoucissoit, pour
le second, le sentiment, toujours amer,
de la dépendance.

Chaque Plébéïen se choisissoit, parmi
les Patriciens, un Protecteur, à qui cette
qualité imposoit l'obligation d'assister le
Protégé de ses conseils dans les affaires,
de ses talens & de son crédit dans les
Tribunaux, & de le soulager du poids
des charges publiques. Les Plébéïens,
par un juste retour, contractoient l'engagement de doter les filles de leurs
Patrons, & de les aider de leur fortune.

N'est-ce pas cette même institution,
Messieurs, que vous vous proposez de
naturaliser parmi nous, en l'ennoblissant
par le désintéressement le plus pur?

Il fut un tems, sans doute, où le Pauvre trouvoit un accès facile dans les Tribunaux ; la Justice étoit alors aussi simple que l'emblême ingénieux sous lequel la Mythologie payenne s'est plu à la peindre. Elle n'étoit pas entourée par cette foule de Ministres, auxquels chaque Plaideur doit aujourd'hui des tributs si onéreux. La confusion des Nations n'avoit pas encore produit celle des Usages & des Coutumes ; la mauvaise foi, moins industrieuse, n'avoit pas nécessité cette multitude de Loix, qui souvent se combattent au lieu de se correspondre ; la cupidité n'avoit pas multiplié à l'excès ces formes, sages dans leur principe & par leur objet, mais dont on a fait depuis un abus si révoltant & si cruel ; enfin, tous ces mots barbares qui composent aujourd'hui le triste vocabulaire de la chicane, étoient inconnus.

Quelles circonstances ont donc amené la funeste révolution qui s'est opérée! A quelle époque la Justice a-t-elle permis qu'on l'environnât de tant d'entraves!

Ces deux queſtions ſont également in-
ſolubles. Dès le quatrième ſiècle de
Rome, il exiſtoit déjà des procédures
civiles, & des loix pour en déterminer la forme; on en trouve la preuve
dans les fragmens de la loi des douze
Tables, qui nous ont été conſervés par
quelques Auteurs (1).

Ces formes cependant n'étoient pas,
à beaucoup près, auſſi compliquées que
les nôtres; mais il étoit dangereux de
s'en écarter. Chaque action avoit une
formule particulière; la plus légère
omiſſion, le moindre changement en
entraînoit la déchéance, comme nous
voyons encore aujourd'hui parmi nous,
la faculté de retraire aſſujettie à des
préciſions grammaticales (2).

La protection tutélaire que les Patriciens devoient aux Plébeïens, avoit
dès-lors & depuis long-tems diſparu,
& n'avoit laiſſé à ſa place que l'or-
gueilleuſe ſupériorité du rang & de la
naiſſance.

Les formes introduites dans les Tribunaux s'étoient multipliées, leur com-

plication en avoit fait l'objet d'une
étude particulière & d'une profession
lucrative. Enfin ; l'éloquence elle-même
s'étant mise à prix, le Plébeïen indigent demeura sans appui ; le riche put
jouir impunément du fruit de ses usur-
pations ; il put braver insolemment les
Loix & les Tribunaux ; le pauvre fut
dans l'impuissance d'en réclamer l'autorité : heureux encore quand on n'insul-
toit pas à sa misère & à ses pleurs !

Il étoit important sans doute de re-
médier à ce désordre, & de réprimer
les vexations qui en étoient la conséquence. Ce fut l'objet d'une loi bienfaisante, qui ordonna que le Préteur
donneroit des défenseurs à tous ceux
que leur indigence exposoit à n'en point
trouver. *Ait prætor si non habent advo-
catum ego dabo* (3).

Quelques Jurisconsultes ont vaine-
ment élevé des doutes, & essayé d'affoi-
blir le sens de ce texte ; ils ont inutilement soutenu que cette loi n'avoit eu
en vue que ceux que le crédit de leurs
adversaires exposoit à ne pas trouver
d'Avocats

(25)

d'Avocats pour leur défenfe; ils ont inutilement foutenu que les Juges n'avoient pas le droit de difpofer arbitrairement des talens, & de forcer les Orateurs à défendre gratuitement les pauvres; que dans tous les cas le client ne pouvoit s'affranchir d'un tribut de réconnoiſſance proportionné aux talents de fes défenſeurs & à l'uſage du Barreau: cette diſcuſſion honteuſe ne prouve que l'avarice ſordide de ceux qui s'y ſont livrés. Accurſe, l'un des plus ſavans Commentateurs du Droit Romain, conſerve à cette loi le caractère de bienfaiſance qui lui eſt propre, ſans cependant nuire aux intérêts de ceux qui pourroient en craindre une interprétation défavorable. *Quid*, demande-t-il, *ſi eſt pauper clientulus*, & il répond, *de publico dabit.*

Fidèle à ce ſyſtême de juſtice & d'humanité que reſpirent la plupart des loix Romaines, l'Empereur Conſtantin ne voulut pas que les Grands de l'Empire puſſent ſe ſouſtraire au joug des loix, ni écraſer ſes moindres ſujets ſous le poids de leur rang & de leur fortune;

B

il enjoignit en conféquence aux Préfets
des Provinces de lui dénoncer, ou au
Préfet du Prétoire, tous ceux qui ré-
fifteroient à leurs citations ou à leurs
jugemens, afin qu'il pût pourvoir par
lui-même au maintien de l'ordre public
& de l'autorité des Tribunaux (4).

Cette protection particulière que les
Empereurs croyoient devoir aux pauvres, s'annonce encore dans plufieurs
loix, qui ont pour objet de réprimer un
autre genre de vexations auquel ils
étoient expofés; c'étoit celui des évocations. Cet ufage fi dangereux étoit
venu des Grecs, qui regardoient la juftice comme une plante exotique qu'il
falloit aller chercher fur un fol étranger. Plutarque, en fon Traité de l'amou
des Pères pour leurs Enfans, attribue
l'origine de cette opinion à la défianc
que les Citoyens d'une même ville
avoient les uns des autres. Mais c
n'étoit pas ce motif qui avoit introdui
à Rome la pratique des évocations; c
n'étoit pas l'attente d'une juftice plu
exacte dans un Tribunal où toutes le

Parties auroient été inconnues ; c'étoit au contraire le defir de fe fouftraire à la Juftice même ; c'étoit l'efpoir cruel de contraindre un adverfaire pauvre au facrifice des droits les plus légitimes, en le forçant à aller chercher au loin des Défenfeurs & des Juges.

Cet abus ne pouvoit échapper à l'œil vigilant d'un Légiflateur qui vouloit que tous fes fujets indiftinctement fuffent foumis à l'autorité des Tribunaux, que tous euffent des Défenfeurs, que tous fuffent jugés avec cette impartialité qui méconnoît les rangs & n'apprécie que les droits. Ce fut auffi pour le réprimer, que Conftantin fit une nouvelle loi, par laquelle il ordonna que les mineurs, les veuves & les pauvres, ne pourroient jamais être obligés d'aller plaider hors de la Jurifdiction de leur domicile, à moins qu'ils ne vouluffent eux-mêmes renoncer à leurs Juges naturels, & traduire directement leurs adverfaires devant le Prince, fur-tout lorfqu'ils avoient à redouter leur crédit dans le Tribunal ordinaire (f).

'A l'exemple des Romains, nos Souverains ont cru qu'il étoit de leur devoir de veiller à la défense des pauvres, & de les protéger contre les influences dangereuses du crédit ou de la fortune. Nos plus anciennes loix enjoignent aux Juges, non-feulement de préférer l'expédition de leurs caufes, mais même de leur donner des Avocats s'ils n'ont pu en trouver. Telle eft la difpofition précife des Capitulaires des années 801, 812, 819. (6).

Charles V, dit le Sage, à la gloire duquel il fuffiroit peut-être de rappeller cette maxime qui lui étoit familière, que les Rois n'étoient heureux qu'en ce qu'ils avoient le pouvoir de faire du bien. Charles V, par une Ordonnance donnée pour les Requêtes du Palais, en 1364, pourvut à ce que la juftice y fût rendue gratuitement à tous ceux qui ne pourroient fournir aux dépenfes d'un procès (7).

Cette loi n'avoit peut-être jamais été obfervée que privativement, ou étoit tombée depuis long-temps en défué-

tude, lorſque Henri IV voulut la re-
nouveller, en étendre l'effet, & aſſurer
ſon exécution, en ſe chargeant des frais
de la procédure, & de l'honoraire des
Avocats qui donneroient leurs ſoins à la
défenſe des pauvres. Ce fut l'objet d'un
Arrêt du Conſeil du 6 Mars 1610.

On aime à ſuivre ce Prince dans tous
les détails de ſon adminiſtration ; détails dont chacun en particulier offre
la preuve de cette tendreſſe vraiment
paternelle dont il étoit animé pour ſes
peuples. On aime à voir ce Héros qui,
pour parvenir au Trône, avoit été
obligé de réunir les droits de conquête
à ceux de la naiſſance, qui, pendant
vingt années d'un règne orageux, avoit
eu ſans ceſſe à défendre ſes Etats, ſa
Couronne & ſa vie, deſcendre à des
objets que tant d'autres Souverains ont
dédaignés au milieu de la domination
la plus paiſible, & ſur-tout porter avec
attendriſſement ſes regards ſur la claſſe
indigente de ſes ſujets.

Cette loi, dont Henri-le-Grand avoit
voulu favoriſer les pauvres, n'eut mal-

heureusement aucune exécution ; la
mort de cet excellent Prince, qui,
deux mois après, succomba sous le poi-
gnard des assassins, qui avoient déjà
plus d'une fois attenté à ses jours, &
la retraite du Chancelier de Sillery,
privèrent les malheureux des avantages
que cet établissement devoit leur procurer (8).

Nous pouvons croire cependant qu'il
faut y rapporter l'origine de ces consultations, que les Avocats assemblés
chaque semaine en leur Bibliothèque,
donnent gratuitement à tous ceux qui
s'y présentent (9). Mais quelque res-
pectable que soit cet usage, ne laisse-
t-il pas beaucoup à desirer ! Rien de
plus noble sans doute, que le désintéressement avec lequel des Jurisconsultes
de tout âge sacrifient aux indigens des
momens qu'ils pourroient employer
utilement pour leur fortune : mais
suffit-il aujourd'hui d'avoir des conseils
pour être en état d'attaquer un usurpa-
teur, ou de se défendre contre un ad-
versaire puissant, par sa naissance, ses

dignités & ſes richeſſes ; & celui dont
tous les Juriſconſultes de la Capitale
auroient vérifié & atteſté les droits, ne
feroit-il pas réduit à périr de miſère,
s'il ne trouvoit, dans les ſecours de la
bienfaiſance, le mobile puiſſant, le ſeul
agent de tous les reſſorts de la procédure?

C'étoit auſſi, Meſſieurs, ce qu'avoit
prévu ce Prince, dont le ſouvenir ſera
toujours cher à la France, & ſur-tout
à la Lorraine, où, revêtu de tous les
droits de la Souveraineté, il en fit un
ſi généreux uſage, où il développa pendant trente ans ces vertus qui le firent
regretter de la Pologne, qui n'avoit pas
ſu le conſerver ni le défendre, où il
prouva que la véritable richeſſe des Rois
eſt dans cette économie qui ne prodigue
jamais l'or des peuples, mais qui ſait
le répandre avec juſtice, & où de nombreux établiſſemens atteſtant à la poſ-
térité qu'il mérita ce ſurnom de bien-
faiſant, dont tous les Souverains de-
vroient être jaloux, feront douter de la
modicité de ſes revenus. Par une Dé-
claration du 20 Juillet 1750, il a fondé

B 4

à Nanci une Chambre des Consultations, composée d'Avocats auxquels il
a attribué des appointemens, afin que
leur Ministère pût être gratuit à l'égard
des pauvres (10).

Cet établissement subsiste encore aujourd'hui, le bienfait s'en renouvelle
tous les jours, chaque jour ajoute à la
reconnoissance vouée à son illustre Auteur, & certainement il n'a jamais
éprouvé les contradictions & les obs-
tacles, que moi, son foible & respec-
tueux imitateur, j'ai eu à surmonter.

Parmi le grand nombre d'objections
qui m'ont été faites, il en est qui ne
méritent pas l'honneur d'une discussion
sérieuse, il en est d'autres qui présagent
des abus que votre sagesse saura prévenir. Votre but, sans doute, Messieurs,
n'est pas de favoriser cet esprit de chicane, dont l'active inquiétude cherche
sans cesse de nouvelles contestations &
de nouveaux adversaires; vous ne souf-
frirez pas que les Tribunaux soient im-
portunés en votre nom par des demandes
téméraires; vous écarterez ces préten-

tions équivoques, dont la fource feroit
prefqu'inconnue, & qu'on ne hafarde-
roit de réveiller qu'à la faveur de vos
bienfaits; vous ne fournirez pas des
armes au cenfitaire révolté contre les
droits légitimes de fon Seigneur, la
févérité de vos jugemens préviendra
celle des Cours ; vous n'adopterez
même pas des actions que vous ne verrez
fondées que fur le fens littéral des actes,
mais que vous reconnoîtrez contraires à
l'équité, à la probité, à l'honneur, les
plus facrées de toutes les loix ; vous
apprendrez à ceux qui viendront im-
plorer vos fecours, que le premier Juge
de l'homme eft en lui-même, & qu'avant
de fe préfenter dans les Tribunaux pour
exercer une action ou s'en défendre,
il doit defcendre dans fon cœur, & in-
terroger fa confcience.

Mais combien il vous fera doux &
glorieux d'être les patrons d'une foule
de malheureux qui vous devront la confervation de leurs modiques propriétés!
Le pauvre, affuré de trouver un défenfeur, ne craindra plus que fes inté-

B 5

rêts foient négligés par le miniftère de
la Juftice, auquel vous les aurez confiés. Le même efprit de bienfaifance
qui l'aura conduit au milieu de vous,
répondra de fon zèle : fa procédure
fage, & calculée fur les befoins d'une
légitime défenfe, fera à l'abri de toute
cenfure. Il fera même rougir fon Adverfaire d'accumuler les formules, &
de leur donner cette ennuyeufe proli-
xité, toujours onéreufe aux clients.

J'ofe même efpérer que, loin de
multiplier les difcuffions judiciaires,
votre affociation pourra en prévenir un
grand nombre. Quel eft celui qui ne
craindra pas de fuccomber dans les
Tribunaux, quand il aura à combattre
un homme dont les droits auront été
difcutés dans un affemblée de Magiftrats & de Jurifconfultes éclairés, &
pefés avec une impartialité qu'aucun
intérêt humain n'aura pû altérer ni corrompre. Quel eft celui qui, pour peu
qu'il doute lui-même de la légitimité
de fes prétentions, ne rougira pas de
s'y préfenter? Non que je prétende,

Meſſieurs, que nous parvenions jamais
à gêner, dans les Cours, la liberté des
ſuffrages, & à dicter impérieuſement
les oracles de la Juſtice. Eh ! comment, Magiſtrat moi-même, pourrois-je
avoir cette idée ? Ne ſais-je pas que
l'organe de la loi doit être impaſſible
comme elle, que les préjugés les plus
favorables ſont ceux auxquels il doit
oppoſer une réſiſtance plus vive ? Ne
ſais-je pas que l'immortel d'Agueſſeau
invite les Juges à ſe défendre de ce
deſir naturel à toutes les grandes
ames, de ſoutenir toujours le pauvre
& le foible contre le riche & le puiſſant ? Tentation dangereuſe, s'écrie-
t-il, d'autant plus à craindre pour
l'homme de bien, qu'il ſemble qu'elle
conſpire contre lui avec ſes propres
vertus !

Que toute eſpérance ne ſoit donc pas
interdite à ceux que nous aurons pour
adverſaires ! indépendamment de cette
ſévère impartialité qu'ils doivent attendre des Magiſtrats pénétrés des devoirs
de leur auguſte Miniſtère, ſerons-nous

*B 6

nous-mêmes à l'abri de toute erreur, & ne ferons-nous jamais trompés par de faux expofés ou par des apparences dont la difcuffion fera difparoître l'illu-fion ? Alors, Meffieurs, nous céderons ou nous fuccomberons avec gloire, & après avoir défendu courageufement des droits que nous avions cru légi-times, nous aurons au moins le plaifir d'épargner à l'indigent, déjà trop à plaindre de la perte de fon procès, les pourfuites rigoureufes qui font la conféquence ordinaire d'un mauvais fuccès.

J'aime à croire encore que nous pour-rons quelquefois ceffer d'être les patrons de nos cliens, pour devenir leurs conci-liateurs ou leurs arbitres ; j'en attefte l'exemple du Confeil charitable établi à Lyon en 1731, par M. de Rochebonne, qui en étoit alors Archevêque. Les Ma-giftrats, les Jurifconfultes & les Ci-toyens qui le compofent, prononcent fans frais fur les procès que les parties veulent bien foumettre à leur jugement, & ils épargnent au peuple, dit l'Au-

teur dont j'emprunte ces détails, plus
de trois cens mille livres par année.

Cet établissement cependant n'a que
deux mille deux cens livres de revenu,
dont plus de moitié est due à la bienfaisance annuelle des successeurs de M. de
Rochebonne ; mille livres seulement
sont fournies par le Corps Municipal; le
travail gratuit, le zèle & la générosité
des Membres de ce Bureau, procurent
tout ce qui excède la dépense des fonds
ordinaires.

Quoi! dans une seule Ville, une Société composée d'un petit nombre de
Citoyens, épargne au peuple plus de
trois cens mille livres, qui seroient absorbés en frais de justice! Quelle est
donc la profondeur de ce gouffre, où
tant d'or va s'engloutir sans utilité pour
ceux qui, depuis tant de siècles,
s'efforcent aveuglément de le combler!
Quelle somme énorme, conservée dans
des familles qui bornent leurs besoins
à ceux de la nature! Combien sa ré-
partition alimente d'individus, qui,
s'ils étoient privés de la portion qui

leur en appartient, feroient plongés
dans toutes les horreurs de la misère,
& iroient peut-être chercher dans le
crime les moyens de s'en défendre !
Quel exemple pour nous, Meſſieurs !
Quels motifs pour notre zèle, & combien je chéris le jour où j'ai conçu le
projet de la confédération honorable
que nous allons former.

Je vous ai parlé, Meſſieurs, de la
Fondation du Roi Staniſlas ; je vous ai
fait connoître également celle de M.
de Rochebonne, c'eſt vous avoir ré-
vélé tout le ſecret de l'heureuſe idée
que vous avez accueillie avec un ſi noble
enthouſiaſme, mais je m'honore de le
faire, je ne veux point d'une gloire
uſurpée, dont l'éclat diſparoîtroit ſans
effort ; je devois & je rends avec joie
cet hommage public aux reſpectables
exemples que je vous ai propoſé de
ſuivre (11). Il me ſuffit d'avoir excité
votre bienfaiſance, &, ſi j'oſe le dire,
de l'avoir guidée. Je n'ai point été
trompé dans les eſpérances que j'avois
conçues, j'ai reçu de toutes parts des

encouragemens qui ont redoublé mon
zèle , toutes les classes des Citoyens
m'ont offert des secours & des coopé-
rateurs.

Je n'ai point été étonné d'y compter
ce descendant de l'illustre Maison de
Béthune (12) , cet homme d'antique
vertu, digne rejetton de tant de Héros ,
digne du sang de Sully qui coule dans
ses veines. Il fut un des premiers appellés à votre Association , lorsque j'y
invitois toutes les ames sensibles.

Je n'ai point été étonné d'y compter
des Membres du Conseil de Sa Majesté ; c'est aux hommes qui occupent
les grandes places à donner les grands
exemples; on les attend avec confiance
de ceux que leurs talens & leurs vertus ont approché du Trône , pour y
partager l'exercice de la justice su-
prême ; tout ce qui environne un Mo-
narque , ami de l'humanité , doit être
animé des mêmes sentimens de bienfaisance.

Je ne suis point surpris de voir parmi
vous , des Magistrats du premier Sénat

de la France, dont le patriotifme a
déja été mis à tant d'épreuves, & qui
viennent encore de laiffer des monumens de leur amour pour l'humanité (13), dans une ville où leur tranfla-
tion rappelloit ces anciennes Affifes des
Comtes de Champagne & les grands
Jours de Troyes (14), leur adhéfion à
nos engagemens, confirme en ce moment cette vérité fi conftante, que les
vrais Magiftrats font en même-tems les
foutiens de la Patrie & les peres des
Pauvres.

Je m'applaudis d'y trouver également
des Membres de ce Tribunal auffi ancien que la Monarchie, de ce Tribunal (15), dont les décifions forment
une Jurifprudence impofante, qui s'eft
élevée au rang des Loix, & qui do-
mine fur les Provinces les plus éloi-
gnées, dans le filence de leurs Coutumes où des Ordonnances. Il s'eft
honoré de vous ouvrir le lieu de fes
féances, la Bienfaifance y préparera
les voies de la Juftice ; & vous, Meffieurs, pénétrés de cet efprit de fageffe

& d'équité, qui remplit depuis si long-tems cette augufte enceinte, vous en jugerez avec encore plus d'impartialité ceux dont vous aurez à vérifier les droits,

Je dois un témoignage particulier de ma reconnoiffance au Magiftrat qui, pendant plus de quarante ans, y a exercé avec éclat les pénibles fonctions du Miniftère public (16); fon abdication lui faifoit regretter les moyens d'être utile; j'ai propofé un confeil charitable, & il a cru qu'il ne pouvoit terminer plus glorieufement fa carrière, qu'en confacrant aux infortunés une fagacité que l'âge n'a point affoiblie, des lumières qui font le fruit d'une longue expérience, & cette connoiffance profonde des loix qu'il n'a pas même ceffé de méditer dans fa retraite. C'eft lui, Meffieurs, qui veut bien fe charger d'applanir toutes les difficultés qui fe préfentent dans les préliminaires des conteftations, d'éclaircir les faits, de fixer les points litigieux, & de rapporter à vos Comités tous les Mémoires

qui y feront préfentés ; fans doute vous
mettrez des bornes à fon zèle pour en
jouir plus long-temps ; il en eft parmi
vous qui s'empreflèront de le foulager
d'une partie du fardeau qu'il veut bien
s'impofer, ou qui réclameront à leur
tour l'honneur de le porter.

C'eft avec de telles forces que nous
ferons en état de protéger & de défendre les indigens qui voudront im-
plorer notre appui ; nous en tirerons
de nouvelles des fecours de l'éloquence
& de la confraternité de plufieurs d'entre les premiers Orateurs du Barreau,
des Target, des de Seze, des de la
Malle, & d'autres encore, dont les
talens font faits pour honorer également
ment le Barreau & le Lycée.

Et vous aufli, vous aurez part à nos
éloges (17), vous dont le miniftère
eft d'autant plus important dans l'ordre
Judiciaire, que le fuccès dépend fouvent des premières difpofitions d'at-
taque ou de défenfe. Nous n'ignorions
pas que plufieurs d'entre vous fe dé-
vouòient généreufement aux Pauvres

qui venoient folliciter leur appui; mais
l'empreffement avec lequel vous avez
faifi l'occafion de fignaler votre défin-
téreffement d'une manière plus particulière, augmente les droits que vous
aviez à l'eftime publique, & vous en
donne au laurier que l'on doit aux vertus
civiques.

SECONDE PARTIE.

Après avoir pourvu à la défenfe de
ceux auxquels l'indigence & la com-
plication de nos procédures interdifent
l'accès des Tribunaux, il étoit digne
de vous, Meffieurs, d'étendre vos
bienfaits jufques fur une autre claffe
d'infortunés, dont les droits à la commifération publique, font peut-être encore plus facrés.

Des Ecrivains, échauffés par l'amour
de l'humanité, n'ont pas dédaigné de
s'exercer depuis quelques années fur la
matière importante de nos Loix criminelles, dont la difcuffion avoit été
jufqu'alors abandonnée à des Jurifconfultes ou à des Praticiens; mais au lieu

de fe borner, ainſi que ces triſtes Commentateurs, à l'expoſition fervile des
textes, & à leur application aux cir-
conſtances, ils ont élevé leurs regards
juſques vers le principe & l'objet de
chaque diſpoſition. Après avoir préſenté l'homme parfaitement libre dans
l'état de nature, ils l'ont ſuivi dans la
formation des premières ſociétés, ſoumis à un paſte ; ils l'ont ſuivi dans les
modifications de ces diverſes ſociétés,
ſoumis à des Loix, à un Empire ; ils
ont calculé quelle portion de ſa liberté
il avoit aliéné, & quelle autre portion
lui avoit été conſervée ; quelles obli-
gations il avoit contraſtées, & quels
engagemens il avoit à remplir ; quel
droit le Corps ſocial avoit acquis ſur
chacun de ſes membres, quel devoit
être le but des Loix pénales, & quels
en étoient les effets ! Le Traité des
délits & des peines, du Marquis de
Beccaria, a été le précurſeur d'un
grand nombre d'Ecrits, dont toutes
les maximes ne ſont peut-être pas
admiſſibles, mais dont le motif rend
les erreurs mêmes reſpeſtables,

Je ne difcuterai point ici avec leurs
Auteurs, fi le droit de punir peut
s'étendre jufqu'à celui de mort; fi
toutes les difpofitions de nos loix pénales font calculées dans une jufte
proportion fur chaque crime envers la
Société; fi toutes atteignent exacte-
ment le but que les Légiflateurs fe
font propofé; s'il eft intéreffant de
diminuer l'horreur de quelques fup-
plices, & de prolonger la durée de
quelques autres; s'il n'eft pas abfurde
d'exiger d'un accufé les mêmes fermens que des témoins; fi la confifca-
tion des biens d'un coupable n'eft pas
auffi cruelle dans fon principe & fes
effets, que dangereufe dans fes con-
féquences; mais j'examinerai fi la Société, pour l'avantage de laquelle
toutes les loix ont été faites, n'eft pas
tenue d'indemnifer celui de fes Membres qui fouffre injuftement de leur
exécution, ou de l'application d'une
de leurs difpofitions.

Lorfque les hommes réunis en Société ont mis toutes leurs forces en

commun pour obéir à la puiſſance qui
en ſeroit compoſée ; lorſqu'ils ſe ſont
ſoumis à des loix, chaque individu a
cru ſe mettre ſous une autorité tutélaire, dont l'exercice ne pourroit jamais lui nuire ni l'opprimer, tant qu'il
ſeroit fidèle au pacte Social.

La Société a dit à ſes Membres,
je protégerai vos propriétés, votre
honneur, votre repos, votre exiſ-
tence, & chaque Membre a juré
d'aider la Société de ſa fortune, de
ſes talens, & même de ſa vie, ſi elle
en commandoit le ſacrifice.

Il en réſulte que la Société, ou ſes
Repréſentans, ayant établi différentes
peines contre les délits qui pourroient
troubler l'ordre Social, chaque Membre s'eſt ſoumis à la réparation du délit,
ou à la punition du crime dont il pourroit ſe rendre coupable; & tous ont dû
s'y ſoumettre avec joie, parce qu'il n'eſt
pas à ſuppoſer qu'il y en ait eu un ſeul,
qui ait conçu le projet de violer la Loi
au moment même de ſa promulgation.

Il eſt poſſible que les Repréſentans

de la Société, ceux qui font parvenus
à en réunir tous les pouvoirs, les Légiflateurs, en un mot, aient prononcé
quelques peines qui ne foient pas dans
la jufte proportion des délits, que certaines peines dont la rigueur pouvoit
être néceffaire dans un tems, deman-
dent à être mitigées dans un autre. De
toutes les Loix cependant, il n'en eft
point qui foient moins ignorées que
celles qui ont pour but la punition des
coupables ; il n'eft pas de fcélérat qui
ne puiffe, avant de commettre fon
crime, non - feulement prévoir, mais
même calculer les dangers auxquels il
s'expofe ; il n'en eft pas non plus, quelle
que foit la rigueur de certaines Loix,
qui puiffe réclamer contre leur exécution ; ces Loix menaçantes ont été
faites en fa faveur, &, comme le dit
Montefquieu, un meurtrier a joui d'a-
vance de la Loi qui le condamne, & le
lui a confervé la vie à tous les inftans.
   C'eft cette même penfée que San-
teuil avoit déja fi énergiquement ex-
primée dans ces deux Vers, qu'on lit

avant de pénétrer dans la Chambre Criminelle de ce Palais.

Hic pœnæ ſcelerum ultrices poſuere Tribunal;
Sontibus unde tremor, civibus inde ſalus.

Mais la Société ayant un ſi grand intérêt au maintien & à l'exécution des Loix pénales, quelles qu'elles ſoient, a-t-elle le droit d'accuſer injuſtement un de ſes Membres, de l'arracher impunément de ſes foyers, du ſein de ſa famille, de le charger de fers, de ruiner ſon crédit, de renverſer ſa fortune, de compromettre ſon honneur & même ſa vie, ſans que cet homme, après avoir manifeſté ſon innocence, ait le droit de demander des réparations & des indemnités ?

Il n'exiſtoit point chez les Anciens de Magiſtrat chargé de la pourſuite des crimes ; le fiſc avoit, il eſt vrai, des Défenſeurs ; mais leurs fonctions, en matière criminelle, étoient bornées à faire exécuter les jugemens qui avoient prononcé des confiſcations. Tout Citoyen pouvoit déférer un crime à la

Juſtice ;

Juſtice, & lui dénoncer le coupable, mais il contractoit en même-tems l'engagement dangereux de prouver ſon accuſation. Le Délateur ſuccomboit à Athènes s'il ne réuniſſoit pas au moins la cinquième partie des ſuffrages. Ctéſiphon, accuſé de ſédition, ayant été défendu par Démoſthènes, & ayant prouvé ſon innocence, Eſchine, ſon Accuſateur, fut condamné à une amende de mille dragmes. Chez les Romains, où l'accuſation étoit publique, le calomniateur étoit puni plus rigoureuſement encore; on lui donnoit des Gardes, afin qu'il ne pût corrompre ni les témoins, ni les Juges; il étoit noté d'infamie, & on lui imprimoit ſur le front avec un fer chaud, un ſigne éternel de réprobation & d'ignominie.

Dans les premiers ſiècles de notre Monarchie, tems auxquels la France & l'Europe entière étoient encore plongées dans l'ignorance & dans la barbarie, où les uns croyoient que le Ciel devoit manifeſter la vérité par des

C

prodiges ; où d'autres, fuivant le génie
guerrier de la Nation, penfoient que
la lâcheté fuppofoit d'autres vices, que
la bravoure en écartoit jufqu'au moindre foupçon , & que le calomniateur
devoit néceffairement fuccomber fous
les coups de l'innocence ; le Dénoncia-
teur étoit fouvent obligé d'expofer fa
vie , & de foutenir fon accufation les
armes à la main. Cet ufage que Saint
Louis n'abolit dans fes Domaines qu'en
1260 , & qui fubfifta long-tems encore
après dans les Cours de fes Barons,
devoit fans doute mettre quelque frein
à la calomnie. C'eft avec raifon que
Montefquieu obferve qu'il n'y avoit
point alors de partie publique, que ce
Miniftère étoit inconciliable avec la
Jurifprudence féroce des combats judiciaires ; car, qui eût voulu fe charger
de l'exercer, & fe rendre ainfi le champion de tous contre tous, c'eût été fe
dévouer à une mort inévitable.

Ce n'eft qu'au quatorzième fiècle (27)
qu'a été établie cette Magiftrature importante, chargée de veiller en même-

tems à l'exécution des Loix, à la dif-
cipline des Tribunaux, à la confervation
des droits du Fifc & du Trône; chargée de protéger tous ceux dont la
minorité rend les intérêts plus facrés;
chargée enfin de venger les Loix ou-
tragées, la Société troublée, de dénoncer le crime, d'en rechercher la
preuve, de pourfuivre le coupable, de
le convaincre, & de provoquer fon
fupplice (18).

Alors, Meffieurs, le nombre des
accufations particulières a pu diminuer
encore. Tout homme qui a eu à fe
plaindre, a dû néceffairement fe re-
pofer, du foin de fa vengeance, fur
un Magiftrat à qui fes fermens en fai-
foient un devoir, & que fon caractère
garantiffoit de toutes les actions récur-
foires qu'un Accufé innocent avoit an-
térieurement le droit d'intenter. Eh !
fans doute, il a fallu mettre le Miniftère public à l'abri de ces actions ré-
curfoires, & ne l'affujétir qu'à la prife
à partie, en cas de prévarication ou de
calomnie évidente; car, qui voudroit

aujourd'hui, comme au tems des combats judiciaires, *être le champion de tous
contre tous* ? Ainſi l'a voulu le grand intérêt de la Société, afin qu'aucune con-
ſidération n'étant capable d'arrêter le
zèle de la partie publique, l'exacti-
tude & la rigueur de ſon miniſtère,
effrayaſſent le crime ou en aſſuraſſent
la peine.

Mais que d'infortunés ont été la vic-
time de ces avantages de la Société !
On en a vu paſſer pluſieurs mois &
même des années entières, enchaînés
dans des cachots humides & infects,
avant de parvenir à prouver leur innocence ; on en a vu, après l'avoir prou-
vée, rentrer dans leur famille, être
méconnus de leurs propres enfans, &
les effrayer comme des cadavres échap-
pés aux tombeaux. Que dis-je ! dans
ces tems barbares & ſi voiſins des nôtres, où l'on ne craignoit pas de broyer
les os d'un malheureux pour lui arracher l'aveu du crime dont il étoit accuſé, & celui de ſa propre condamna-
tion ; on en a vu livrés à tous les tour-

mens de la torture la plus cruelle, &
on les a eſtimés trop heureux d'y avoir
réſiſté ; on a vu tous ces maux, & on
ne s'eſt pas occupé d'y apporter les remèdes convenables (19) !

Non, Meſſieurs, ces infortunés, que
ſouvent la miſère attend à la porte des
priſons, ont été oubliés des Loix ; on
ne leur a juſqu'à préſent offert aucun
dédommagement de leur captivité, de
leur réputation flétrie, de leur vie
même miſe en danger, & ſouvent
abrégée par les maladies & les cha-
grins inſéparables d'une longue déten-
tion. Ils ſortent innocens des priſons,
mais exténués par l'aſpiration d'un air
impur, par la circulation d'un ſang
dégénéré, mais à peine couverts de
vêtemens en lambeaux, dénués de tout,
preſſés par la faim, le premier & le plus
âcre de tous les beſoins : il n'eſt pas ſans
exemple de les y voir rentrer coupables.

Les indemnités que vous vous propo-
ſez de leur accorder, en acquittant la
dette du Corps Social, les préſerveront

fans doute des dangers de la misère,
& de la corruption du féjour des for-
faits; elles ajouteront au triomphe de
l'innocence, & conferveront à l'Etat
& à la Société, des hommes qui ont
d'autant plus de droits à leur bienveil-
lance, qu'ils ont fubi des épreuves plus
rigoureuses.

Comment a-t-on pu croire qu'une
pareille inftitution étoit injurieufe au
Miniftère public & aux Tribunaux;
que c'étoit les fuppofer fufceptibles de
haines, de préventions, de témérité
dans leurs pourfuites & dans leurs décrets ? Comment a-t-on pu croire enfin
que c'étoit prévoir indifcrètement *ce
qui n'arrivera peut-être jamais ?*

Ce qui n'arrivera peut-être jamais !
ah ! Meffieurs, eft-il donc défendu de
calculer les dangers de l'avenir, par
la trifte expérience du paffé ? Le Miniftère public & les Juges font-ils donc
à l'abri des erreurs dans lefquelles peuvent les entraîner & la rédaction vicieufe des Procès-verbaux, & la mauvaife foi de ceux qui défèrent des délits à la Juftice, fous la forme de fim-

ples déclarations, & la malignité des témoins, & l'ambiguité des dépositoins. Effacez donc des Annales judiciaires, vous qui croyez, ou qui feignez de croire, que jamais les Magiftrats ne peuvent être trompés, les noms des Lebrun, des Langlade, des Calas, des Sirven, des Cahufac, des Montbailly, & d'autres encore, dont le fouvenir doit faire trembler ceux qui font appellés à décider de l'honneur & de la vie des hommes.

A ces exemples mémorables, je pourrois peut-être en ajouter de plus récens; mais eft-ce à moi de prononcer entre deux Cours également refpectables par les lumières & les vertus de leurs Magiftrats? Eft-ce à moi de réfoudre le problème que préfentent des accufés convaincus dans une Ville, & reconnus pour innocens dans une autre? Qu'ai-je befoin d'ailleurs de multiplier les citations de ce genre, pour prouver la juftice des réclamations que font en droit de former ceux que l'intérêt de la Société & l'erreur des Juges ont

privé de leur liberté, & réduits à la
nécessité toujours humiliante de se jus-
tifier.

Je n'ai donc pas calomnié la Magistrature, & loin d'attenter à sa gloire,
j'ai cru l'honorer, en présumant que
ses Membres s'empresseroient d'entrer
dans votre Association. Sans doute,
Messieurs, le Juge qui n'a obéi qu'à
son devoir, qui n'a écouté que le sentiment intime de sa conviction, doit
être sans remords, lors même qu'il a
été trompé ; mais qu'il est beau de le
voir descendre de son Tribunal pour
consoler l'homme qu'il a affligé, &
réparer au moins une partie des pertes
qu'il a occasionnées par son erreur !

Il est des Magistrats dont la délicatesse ne peut supporter l'idée d'une
injustice involontaire. Desbarreaux,
connu par ce Sonnet, qui atteste en
même-tems, & l'irréligion dans laquelle
il avoit vécu, & son repentir ; Desbarreaux payoit aux Plaideurs la va-
leur des Procès qu'il avoit négligé de
rapporter. Messieurs de Saveuse &

Pajot de Malzac, Confeillers au Parlement de Paris, l'un à la fin du fiècle dernier, l'autre au commencement de celui-ci, ayant reconnu l'erreur dans laquelle l'infidélité d'un fubordonné les avoit entraînés, fe condamnèrent eux-mêmes généreufement à des indemnités confidérables. L'un de ces faits a fourni la matière d'un Epifode intéreffant dans un Drame moderne.

Ce que chaque Juge eft obligé de faire privativement, vous vous impofez Meffieurs, l'obligation refpectable de le faire au nom & en l'acquit de la Société même ; tel eft l'effet de ce fentiment qui fembloit n'avoir été jufqu'ici le partage que d'un petit nombre d'ames privilégiées, mais qui anime aujourd'hui tous les ordres des Citoyens.

Eh ! quels autres tems que les nôtres peuvent en effet fe vanter d'un auffi grand nombre d'établiffemens de bienfaifance ?

N'eft-ce pas de nos jours qu'on a vu fe compofer cette pieufe Société, qui ne fe borne pas à célébrer par des

C 5

chants les grandes folennités de la
Religion, mais qui les fignale par des
actes d'humanité, & offrant à la Divi-
nité un culte vraiment digne d'elle,
rend à leurs familles des pères malheureux, privés de leur liberté, pour
n'avoir pû payer le premier aliment de
leurs enfans (20) ?

N'eft-ce pas de nos jours qu'un Mi-
niftre des Autels, auffi refpectable par
fes vertus que par l'emploi de fes talens,
a ouvert cette Ecole attendriffante, où
l'on voit fe réalifer la fable de Promé-
thée, où des infortunés privés des deux
fens, qui feuls peuvent nous conduire
à l'intelligence, apprennent les moyens
de triompher des obftacles d'une orga-
nifation vicieufe, acquièrent l'art d'ex-
primer leurs penfées, d'annoncer leurs
befoins, & reçoivent non-feulement les
notions les plus néceffaires à leur confervation, mais même les idées les plus
abftraites (21) ?

N'eft-ce pas de nos jours, qu'un
autre ami de l'humanité (22) eft parvenu, par le méchanifme le plus ingé-

nieux, à réparer d'autres injuſtices de
la nature, à perfectionner le ſens du
toucher, pour ſuppléer à celui de la
vue, & à donner à ceux qu'une cécité
abſolue a condamnés à une nuit éternelle, des connoiſſances & des talens
également propres à les préſerver de
l'ennui & de la miſère?

N'eſt-ce pas de nos jours que le premier corps Littéraire de la Nation, qui
ne paroiſſoit deſtiné dans ſon principe
qu'à épurer notre idiôme, à être le
centre & l'arbitre des talens, eſt de-
venu le dépoſitaire d'un nouveau laurier, deſtiné à la vertu pauvre, & cependant bienfaiſante (23)?

N'eſt-ce pas de nos jours qu'a été
aboli ce droit odieux, reſte barbare
de la tyrannie féodale, ce droit qui
obligeoit des infortunés à périr ſur le
ſol ingrat qui les a vu naître, qui les
privoit de cette liberté naturelle, ſi
chère aux Germains nos ayeux, & dont
l'exercice étoit puni, même ſur les
enfans, par la confiſcation, je dirois
preſque par le vol de leur patrimoine.

Puisse un si grand exemple, donné par
le meilleur des Rois, être bientôt suivi
par tous ceux qui partageoient avec lui
ce droit cruel, & qui ne rougissent pas
d'en jouir encore ; puissent les mots
affligeans de serfs & de servitude être
oubliés avec la servitude même ; puisse-
t-on au moins n'en garder la mémoire
que pour ne pas éteindre celle du bienfait de l'affranchissement, & le motif
d'une éternelle reconnoissance (24) ?

Avec quel attendrissement nos des-
cendans ne fixeront-ils pas leurs regards
sur ces monumens de l'humanité du Mo-
narque & de la bienfaisance publique,
sur ces nouveaux Hopitaux (25), dans
lesquels toutes les infirmités, tous les
maux réunis ne seront plus confondus,
& ne produiront plus une contagion
pestilentielle, où le convalescent ne
sera plus effrayé par la vue d'un agoni-
sant, s'agitant à ses côtés dans les con-
vulsions de la mort, où les secours de
l'art moins précipités, où les soins mul-
tipliés attesteront à l'indigent le prix
que l'on met à sa vie, & lui inspire-

ront une confiance, fouvent néceffaire
à l'effet des remèdes?

N'eft-ce pas de nos jours encore que
s'eft formée cette Société (26), non
moins recommandable par le nombre
& le rang des perfonnes qui la compofent, qu'elle n'eft intéreffante par
fon objet, cette Société vraiment amie
des hommes, dont tous les membres fe
répandent avec tant de zèle dans les
divers quartiers de cette Capitale, pour
y découvrir des befoins à foulager &
des malheureux à fecourir, pour y dif-
puter à la mort des victimes qui y fem-
bloient dévouées par l'âge ou par l'indigence; cette maifon vraiment philantropique, dont tous les octogénaires,
les aveugles-nés, les femmes en cou-
che, & les pères chargés d'enfans,
reçoivent chaque année des fecours fi
confidérables?

Enfin, Meffieurs, ne fommes-nous
pas parvenus à ce moment fi defiré depuis long-tems par la politique & la
philofophie? Des Compatriotes, éga-
rés par l'erreur, étoient profcrits depuis

plus d'un siècle, l'amour de la liberté
& l'attachement à leurs dogmes, les
avoient obligés de fuir & d'aller chercher la tolérance fous un ciel étranger.
Ceux qui avoient échappé aux recherches de leurs anciens perfécuteurs,
vivoient au milieu de nous fans patrie
& fans famille, leurs alliances étoient
flétries comme des unions criminelles,
leur poftérité avilie comme les fruits
d'un honteux concubinage, les mères
détestoient leur fécondité, & les pères
ne favoient en expirant, qui du fifc ou
de leurs enfans recueilleroit les fruits
de leur induftrie ; il étoit réfervé à
notre fiècle de mettre un terme à
leurs malheurs, & à notre Souverain
de les rappeler fous fes loix bienfai-
fantes ; il permet à la France de leur
rouvrir fon fein, il leur permet d'y ra-
mener leurs talens & leurs fortunes ; il
ne veut voir dans fes Etats que des
François & des Sujets fidèles.

L'Affociation que vous formez aujourd'hui, Meffieurs, méritera fans
doute un jour de trouver place dans

le tableau intéreffant de la Bienfaifance
du dix-huitième fiècle.

Protéger le foible & le pauvre contre
l'injuftice & l'oppreffion ; les garantir
des piéges de la fraude , ou les en
retirer ; conferver leurs propriétés , ou
les aider à reconquérir celles qui auront
été envahies ; indemnifer enfin ceux
dont les Tribunaux font quelquefois
obligés de facrifier momentanément la
liberté ; tel eft l'honorable engagement
que vous contractez aujourd'hui dans le
Sanctuaire même des Loix & de la Juftice. Jurons tous d'y être fidèles.

NOTES.

(1). Denis d'Halicarnasse, Tite-Live, Pline, Cicéron, Festus & Aulugelle.

(2) *Ita*, dit Cicéron, Liv. 1. *de inventione, Jus civile habemus constitutum ut causâ cadat is qui non quemadmodum oportet egerit.* Quintilien s'explique d'une manière encore plus positive sur la rigueur de ces formules, *est etiam periculosum, cùm si uno verbo sit erratum, tota causâ cecidisse videamur.* Les formes judiciaires établies chez les Romains par la Loi des douze Tables, furent empruntées des Grecs, & tenoient au goût de l'apologue qui avoit pris naissance chez ces Peuples. La première, qu'on observoit avant de commencer les procédures, étoit de comparoître devant le Préteur. Les deux Parties tenant chacune à la main une baguette, les croisoient comme des gladiateurs prêts à combattre; ce qui a fait croire au fameux Jurisconsulte Hotman, que les premiers Romains remettoient au sort des armes la décision de leurs Procès. Lorsqu'il s'agissoit de la propriété d'un fonds de Terre, le Préteur se transportoit sur les lieux, & y prononçoit entre les Parties, après les avoir entendues, ainsi que leurs Défenseurs. Cet usage avoit des abus, soit à raison de l'éloignement fréquent des fonds contentieux, soit à raison

de la multitude d'affaires dont le Magiſtrat étoit
furchargé, en conſéquence il fut aboli ; mais les
Juriſconſultes décidèrent que, pour en conſerver
un emblême, on apporteroit au Préteur une motte
de terre du champ qui feroit en litige, afin que
le jugement parût y avoir été rendu. Indépendamment de ce qui étoit preſcrit par la Loi des douze
Tables, pour la manière d'intenter les actions civiles ou criminelles, on introduiſit beaucoup d'autres formules appellées *legis actiones*, qui étoient
la même choſe que la procédure & le ſtyle parmi
nous. Ces anciennes formules furent preſque toutes
abolies par Théodoſe le jeune. Pluſieurs Auteurs
en ont réuni les fragmens ; le plus complet qui en
exiſte, eſt celui que nous a donné le célèbre Briſſon,
Préſident du Parlement de Paris, que la faction des
Seize fit pendre en 1591. Cet Ouvrage, rempli
d'érudition, eſt intitulé *de Formulis & ſolemnibus*
populi Romani verbis. Il fut imprimé pour la première fois en 1583. Ces formules regardent non-
ſeulement les actes & la procédure, mais auſſi la
religion & l'art militaire.

(3) *ff. De poſtulando, lib.* 3. *tit.* 1. §. 4.

» (4) Preſides Provinciarum oportet ſi quis po-
» tentiorum extiterit inſolentior & ipſi vindicare
» non poſſunt, aut examinare aut pronuntiare ne-
» queunt, de ejus nomine ad nos, aud certe ad
» Prætorianæ præfecturæ ſcientiam referre, quo
» provideatur qualiter publicæ diſciplinæ & læſis

» tenuioribus confulatur. *Voyez la Loi* 2, *au Cod.*
» *De Officio rectoris Provinciæ. Liv.* 5 , *Tit.* 40 «.

   » (5) Si contra pupillos vel vuiduas, vel diu-
» turno morbo fatigatos & debiles impetratum
» fuerit lenitatis noftræ judicium , memorati à
» nullo noftrorum judicum, compellantur comi-
» tatui noftro fui copiam facere. Quin imo intra
» provinciam in quâ litigator & teftes vel inftru-
» menta funt, experiantur jurgandi fortunam atque
» omnis cautela fervetur ne terminos Provinciarum
» fuarum cogantur excedere. Quod fi pupilli vel
» vuiduæ , aliique fortunæ injuriâ miferabiles ,
» judicium noftræ ferenitatis oraverint, præfertim
» cùm alicujus potentiam perhorrefcunt, cogantur
» eorum adverfarii, examini noftro fui copiam
» facere. *Voyez la Loi unique au Code* Quando im-
» perator. *Liv.* 3 , *Tit.* 3 «.

   » (6) Ut comites pleniter Juftitiam faciant &
» diligant, & juxta vires eorum expleant, & juf-
» titiæ fanctæ Dei Ecclefiæ vigilanti curâ infiftant,
» & orphanorum , & vuiduarum , & pauperum,
» & omnium qui in eorum minifterio permanent,
» & de causâ quacumque ad eos venerit querela,
» plenifſimâ & juftiffimâ deliberatione diffinire de-
» certent & ficut rectum & Juftum eft ita agant,
» & ut primitus ad placita eorum, orphanorum &
» vuiduarum necnon pauperum caufæ deliberentur,
» nec propter aliquam dilationem eorum Juftitia
» à judicibus dilatetur. *Capitul. de Charlemagne,*
» *de l'an* 801 «.

» Ut Epifcopi, Abbates, Comites, & Poten-
» tiores quique, fi caufam inter fe habuerint, ac
» fe pacificare noluerint ad noftram jubeantur ve-
» nire prefentiam, neque illorum contentio aliubi
» finiatur, neque propter hoc pauperum & minus
» potentium juftitiæ remaneant. Neque comes pa-
» latii noftri potentiores caufas fine noftra juffione
» finire prefumat fed tantùm ad pauperum & minus
» potentium juftitias faciendas fibi fciat effe vacan-
» dum. *Capitul. de Charlemagne, de l'an 802* ».

» Ut quandoque in mallum ante comitem vene-
» rint, primo eorum caufa audiatur & definiatur,
» & fi teftes per fe, ad fuas caufas quærendas,
» habere non potuerint vel legem nefcierint, comes,
» illos vel illas adjuvet, dando eis talem hominem
» qui rationem eorum teneat, vel pro eis loquatur.
» *Capitul. de Louis-le-Débonnaire, de l'an 819* »

» (7) Nous Voulons & Commandons étroite-
» ment, porte l'Article VII de l'Ordonnance du
» mois de Novembre 1364, que tous les Advocaz
» & Procureurs fréquentans, & qui fréquenteront
» le Siège defdites Requeftes, foient au Confeil,
» pour Dieu, des povres & miférables perfonnes
» qui y plaident & y plaideront, & que, ad ce
» nofdites genz, contraignent lefdits Advocaz &
» Procureurs, & que pour telles povres & mifé-
» rables perfonnes, nofdites genz, quand les caz
» y écherront, facent pour Dieu leurs Requeftes &
» Pièces, & les oyent diligemment, & les délivrent
» briefement ».

(8) ARRÊT

DU CONSEIL D'ÉTAT DU ROI,

Portant établiſſement d'Avocats & de Procureurs pour les Pauvres.

Sur ce qui a été remontré au Roi en ſon Conſeil, qu'un grand nombre de pauvres, veuves ou
orphelins, pauvres Gentilshommes, Marchands,
Laboureurs, & autres perſonnes miſérables, faute
d'être aſſiſtés & ſecourus, les uns de conſeil,
aucuns d'un peu d'argent ; les autres de tous les
deux enſemble, laiſſent journellement perdre leurs
biens & leurs droits, ſoit en demandant ou défen-
dant, & n'ont moyen d'en faire les pourſuites &
frais néceſſaires, en leurs inſtances & actions intentées ou à intenter, civiles ou criminelles, ès
Cours, tant Souveraines, ordinaires, que ſubal-
ternes de ſon Royaume, à cauſe des grands frais
qui ſe font en Juſtice, & qu'il n'eſt pas raiſonnable
que, ſous prétexte du peu de charité qui ſe voit
aujourd'hui, ſes Sujets, faute de conſeil ou de
quelque peu d'argent, ou de tous les deux, ſoient
abandonnés à la merci, injure, oppreſſion &
calomnie des plus puiſſans qu'eux, & perdent
miſérablement leurs biens & honneurs, & par ce
moyen tombent ſouvent ou pourroient, s'il n'y

étoit remédié, tomber en d'étranges malheurs,
inconvéniens & calamités. Le Roi en son Conseil,
meu d'une affection charitable & paternelle envers
son pauvre Peuple, desirant pourvoir à l'avenir
que la justice soit rendue, en toute célérité, aux
veuves, orphelins, pauvres Gentilshommes, Marchands, Laboureurs, & généralement aux personnes réduites à telle misère & nécessité, qu'ils
n'ont pas moyen de poursuivre leurs instances,
droits & actions, intentées ou à intenter, civiles
ou criminelles, a ordonné & ordonne, qu'en
toutes les Cours, tant Souveraines, ordinaires,
que subalternes, seront commis & députés des
Avocats & Procureurs pour les pauvres, en tel
nombre qui sera avisé en son Conseil, selon la
grandeur & nécessité de chacune Cour ou Siège,
lesquels seront tenus d'assister de leur avis, indus-
trie, labeur & vacation, tous ceux de la susdite
qualité, sans néanmoins prendre d'eux aucune
chose, tant petite soit-elle, & sous quelque prétexte que ce soit, sous peine de concussion, se
contentant de leurs simples gages, salaires & pré-
rogatives qu'il plaira à Sa Majesté attribuer auxdits
Avocats & Procureurs qui seront commis & choisis
comme plus capables & gens de bien, & iceux
entretenus auxdites Charges tant qu'ils y feront
ce qui est de leur devoir; & à cet effet seront
reçus & admis les avis qui seront trouvés justes &
raisonnables en son Conseil, pour, sur iceux,
prendre & percevoir les gages & appointemens qui
seront attribués auxdits Avocats & Procureurs des

pauvres. Fait au Conseil d'Etat du Roi, le sixième Jour de Mars 1610. *Ainsi signé*, MALIDE.

☞ A ces exemples de la bienfaisance de nos Rois, on peut en ajouter qui font honneur aux Tribunaux dont ils sont émanés. *Voyez* l'Arrêt du Parlement de Toulouse, du 31 Octobre 1550, & un autre des Grands-Jours de Clermont, du 10 Décembre 1665, qui ont défendu aux Juges de prendre des épices des Parties dont la pauvreté est notoire. *Voyez* aussi l'Arrêt du Parlement d'Aix, du 26 Octobre 1671, qui a jugé qu'il n'y avoit point lieu à taxer d'épices dans les Procès pour les Hopitaux.

(9) Quoiqu'on puisse attribuer à l'Arrêt du Conseil de 1610, l'origine des consultations de charité que les Avocats donnent toutes les semaines en leur Bibliothèque, il faut cependant admettre un long intervalle pendant lequel les pauvres furent absolument privés de ce secours. Les Avocats n'ont point eu de Bibliothèque jusqu'au commencement de ce siècle; ils doivent celle dont ils jouissent aujourd'hui aux bienfaits d'un de leurs plus célèbres confrères, Etienne Gabrian de Riparfont, Gentilhomme Poitevin, né dans le sein de la Magistrature, mais qui avoit préféré la profession d'Avocat à tous les emplois auxquels sa naissance & sa fortune lui permettoient d'aspirer. Il mourut le 6 Décembre 1704, ayant fait, le 14 Août 1703, un testament, par lequel il avoit légué sa Bibliothèque à l'ordre des Avocats, avec une rente

de 1400 liv. Il avoit annoncé par ce même testament, qu'il desiroit que ses Confrères tinssent
dans le lieu où sa Bibliothèque seroit placée, des
conférences de doctrine pour l'instruction des
jeunes Avocats. Elles commencèrent en 1711,
& les consultations de charité bientôt après.
Brillon, qui, dans son volumineux Dictionnaire
des Arrêts, a négligé peu de détails, sur-tout ceux
qui tiennent à l'honneur de sa Profession, parle
de consultations de charité données en 1715 ;
mais il ne remonte pas plus haut, & il n'eût pas
manqué de le faire, s'il y avoit été fondé.

(10) Aucun Souverain, aucun Législateur
connu, ne s'appliqua avec un zèle aussi ingénieux
que le Roi de Pologne, à diminuer le nombre des
procès. Le moyen qu'il imagina pour étouffer, dès
leur naissance, ces débats ruineux, est également
digne des vues d'un Sage, & de la tendresse d'un
Père, ce fut de placer, à la porte même du Palais
de la Justice, des Oracles véridiques, toujours
prêts à rendre gratuitement à ses Sujets des Arrêts
que la chicane leur eût fait trop long-tems attendre,
& payer au poids de l'or. Ce Tribunal paternel fut
érigé dans la Capitale en 1750, sous le nom de
Chambres des Consultations ; il étoit composé
d'anciens Avocats à la Cour Souveraine de Nanci,
auxquels les talens & la probité avoient mérité la
confiance publique. Le Roi assura à ces Officiers
Consultans 2000 liv. d'appointemens, & la jouis-
sance des privilèges de Conseillers au Bailliage de

Nanci. Quoique ce Tribunal doive plus particu-
lièrement ses soins aux pauvres, tous les Sujets
du Roi néanmoins ont droit de lui exposer leurs
affaires, & d'en exiger une consultation gratuite,
qui leur est expédiée gratuitement par le Secrétaire
de la Chambre : précieux avantage de cet établissement, mais pas le plus précieux cependant. Le
Législateur, par une disposition spéciale, statue
que tout plaideur qui aura été condamné par Sen-
tence d'un Tribunal inférieur, ne pourra être
admis à poursuivre son Procès par appel à la Cour
Souveraine, qu'autant qu'il s'y présentera muni
d'un avis en sa faveur, de la part des Officiers
Consultans. Tempérament le plus doux & le plus
efficace en même-tems, que la sagesse humaine
ait jamais imaginé, pour empêcher que les Sujets
d'un Etat, par entêtement, par ignorance ou par
mauvaise foi, se ruinent à la poursuite de Procès
injustes ou déraisonnables. Ce bel établissement
ne coûta pas cent mille écus à son Instituteur.
*Histoire de Stanislas, Roi de Pologne, Duc de
Lorraine & de Bar, par M. l'Abbé Proyart,
Tome I, page 340.*

(11) J'aurois pû citer encore un exemple res-
pectable, celui de la Ville de Châteauroux, en
Berri, dont plusieurs Citoyens estimables se sont
réunis en 1778, pour extirper la mendicité; ils ont
formé un Bureau de charité, dont douze Membres,
sous le titre de Conciliateurs, sont chargés de
prendre la défense des pauvres, après avoir épuisé
les

les voies de la douceur & de la patience, pour terminer leurs différends.

L'Affociation de Bienfaifance Judiciaire qui fe forme aujourd'hui dans la Capitale, pourra fans doute, à fon tour, fervir de modèle à des établiffemens du même genre dans les Provinces. Déja l'ordre des Avocats du Bailliage & Siège Préfidial de Chartres, affemblé le 28 Décembre dernier, vient d'établir un Comité pour donner des confeils aux malheureux, & les défendre contre l'homme injufte. Les Procureurs du même Siège ont également délibéré de prêter gratuitement leur miniftère à ceux dont le Comité des Avocats auroit adopté la défenfe; & il a été de plus ouvert une foufcription pour fubvenir aux dépenfes forcées, que le Pauvre eft obligé de faire pour obtenir juftice. *Voyez* les Annonces & Affiches du pays Chartrain, des 2 & 9 Janvier 1788.

Les Affiches de Rennes, des 16 & 25 Janvier 1788, & le N°. 18 du Journal de Bourgogne, annoncent auffi le vœu & le projet d'un établiffement femblable au nôtre.

(12) M. le Duc de Charoft, Pair de France, Préfident actuel de la Société Philantropique de Paris.

(13) Le Parlement, transféré à Troyes par Lettres-Patentes, enregiftrées le 22 Août 1787, a voulu, en quittant cette Ville où il avoit reçu l'accueil le plus patriotique, lui donner des témoignages d'une reconnoiffance digne d'elle & de

D

lui-même, il a été fait en conséquence entre les
Magiſtrats, une quête, dont le produit, montant
à 3350 liv., a été employé à rendre la liberté à
ſix priſonniers pour dettes, & à divers objets de
ſoulagement pour les malheureux. Cet acte de bienfaiſance avoit été précédé du don d'une ſomme
conſidérable, contribuée par les différentes Chambres du Parlement, & remiſe aux Curés des Pa-
roiſſes, pour être par eux diſtribuée à leurs Pauvres.

(14) Les Aſſiſes ſont une Séance extraordinaire
que les Cours, & pluſieurs autres Tribunaux,
tiennent de tems en tems dans quelques Villes de
leur reſſort, pour entendre les plaintes que les
habitans de la Province peuvent avoir à faire
contre les Juges & autres Miniſtres de la Juſtice
territoriale, & pour procurer par leur préſence
une plus prompte expédition aux affaires impor-
tantes, & ſur-tout des Procès criminels. Ces Aſſiſes
ont été appelées *Grands-Jours*, à cauſe de leur
ſolénnité & des grands motifs qui les détermi-
noient.

Les plus anciens & les plus célèbres ſont ceux
que les Comtes de Champagne faiſoient tenir dans
la ville de Troyes, pour y juger en dernier reſſort
les cauſes majeures qui y étoient portées par appel
des Baillis de Champagne; le Regiſtre de ces
Grands-Jours commence en l'année 1184.

Depuis la réunion de la Champagne à la Couronne, ſous le règne de Philippe-le-Bel, nos Rois

continuèrent pendant long-tems d'envoyer à Troyes des Juges, choisis dans le Clergé & dans l'Ordre Militaire, auxquels on donna souvent pour adjoints des Barons du Comté même de Champagne.

Les derniers Grands-Jours royaux sont ceux qui furent tenus en 1666 à Clermont en Auvergne, & au Puy en Velai pour le Languedoc.

(15) Le Châtelet, dont les Magistrats ont permis que les Assemblées de l'Association se tinssent dans une de leurs Salles. Sa Majesté a bien voulu y donner aussi son approbation & son consentement.

(16) M. Moreau, Conseiller d'Etat, ancien Procureur du Roi au Châtelet.

(17) Ceux qui ont entendu prononcer ce Discours, n'en reconnoîtront pas ce paragraphe que j'ai cru devoir changer, d'après les observations qui m'ont été faites. Je ne rapporterai pas celui que j'ai supprimé, puisqu'il avoit déplu à quelques Membres de l'Association ; je leur proteste de nouveau que mon intention avoit été directement contraire à l'effet que j'ai eu le malheur de produire.

(18) On ne connoît pas de Procureur du Roi au Parlement de Paris avant 1300. Simon de Bucy, qui fut depuis Premier-Président, exerçoit les fonctions de Procureur du Roi en 1312 ; mais on pourroit conclure de l'Ordonnance de 1319,

D 2

que cette Magiſtrature n'y étoit pas encore per-
manente ; puiſque le Roi ordonne qu'il y ait en
ſon Parlement une perſonne qui ait cure de faire
avancer & délivrer *les propres cauſes-le-Roi* ; &
qu'il puiſſe être de ſon Conſeil avec ſes Avocats.
Les Procureurs du Roi dans les autres Tribunaux
ont une origine plus ancienne, quoiqu'on n'en
puiſſe déterminer l'époque préciſe. La première
Ordonnance où il en ſoit fait mention, eſt celle
de Philippe-le-Bel du 25 Mars 1302. L'article 20
preſcrit le ſerment qu'ils doivent prêter. » Cæte-
» rum volumus quod Procuratores noſtri, in cauſis
» quas noſtro nomine ducent contra quaſcumque
» perſonas, jurent de calumniâ, ſicut prædictæ
» perſonæ, & ſi contingat ipſos facere ſubſtitutos,
» ipſis ſubſtitutis ſatisfaciant, & non partes ad-
» verſæ. Nolentes, imo, prohibentes expreſſe,
» ne dicti Procuratores noſtri de cauſis alienis ſe
» intromittere, aut litteras impetrare præſumant,
» niſi pro perſonis conjunctis ipſos contingeret
» facere prædicta «. Les Procureurs du Roi furent
ſupprimés par-tout, excepté dans les Pays de Droit
Écrit, par l'Ordonnance de Philippe-le-Long du
18 Juillet 1318; & il fut dit qu'ailleurs le Roi ſeroit
défendu par ſes Baillis. Mais l'Édit de François Ier,
du mois d'Août 1522, rétablit les Offices de Procureurs du Roi, & en créa dans tous les Siéges,
dont les appellations étoient portées directement
au Parlement.

(19) L'Ordonnance de Philippe-de-Valois,

de 1344 , avoit déterminé dans quelles circonftances , & comment , les Procureurs du Roi pouvoient dénoncer les crimes & pourfuivre les coupables. » Ordinationem antiquam , porte l'ar-
» ticle 7, tamen noftram præfentibus renovantes,
» ftatuimus ac etiam ordinamus quod Procuratores
» noftri, occafione criminum , deliɗorum feu ex-
» ceffuum contra aliquos fubditos noftros, perfe-
» cutionem placitum feu delationem non faciant
» nifi præcedentibus informatione debita & præ-
» cepto judicis competentis ɛ.

(20) Quelques Auteurs cependant ont réclamé
des indemnités pour ceux dont la liberté a été
facrifiée au repos de la Société , par des décrets
& des emprifonnemens. Mais leur voix n'a pas
été entendue, ou les moyens qu'ils ont propofé
n'ont pas paru admiffibles. Je n'entreprendrai pas
de difcuter leurs idées, qui n'ont rien de commun
avec celle que j'ai été affez heureux pour faire
réuffir , mais, fidèle à la loi que je me fuis impofée, de n'ufurper jamais le tribut d'éloges auquel
d'autres ont droit de prétendre, je dois dire ici
que Meffieurs de la Groix, Vermeil, de la Cretelle
& Phelippon de la Madelaine, m'ont précédé dans
le projet eftimable d'accorder aux innocens, déchargés d'accufation , des indemnités proportion-
nées à la durée de leur captivité & aux pertes qu'ils
ont pu effuyer. C'eft en méditant leurs Ouvrages,
que j'ai conçu le plan d'une Soufcription & d'une
Affociation, & je n'ai fur eux d'autre avantage

que d'avoir hafardé de mettre en action ce qu'ils
s'étoient contenté de pofer en principe; la bienfaifance publique a fait le refte. *Voyez les Ré-
flexions Philofophiques fur l'origine de la civili-
fation, par M. de la Croix, Chap. 13; la Lettre
de M. de la Cretelle, à l'Auteur du Difcours intitulé le Sang innocent vengé; l'Effai fur les Ré-
formes à faire dans notre Légiflation criminelle,
par M. Vermeil, première Partie, Chap. 13, &c.*

(21) La Compagnie de Meffieurs de la Charité,
pour l'affiftance des Prifonniers, & de la délivrance
de ceux détenus pour dettes de mois de Nourrices,
s'eft formée au mois de Mai 1718. Il ne faut pas la
confondre avec une autre Société beaucoup plus
ancienne, appelée *la Compagnie de Meffieurs, qui
travaillent à la délivrance des Prifonniers pour
dettes dans toutes les prifons.* Cette dernière s'oc-
cupe fpécialement des Prifonniers pour dettes de
Commerce. On regarde communément Madame
la Préfidente de Lamoignon de Bafville, morte au
mois de Décembre 1661, comme fon Inftitutrice
en 1640.

(22) On avoit fait quelques tentatives à la fin
du fiècle dernier pour inculquer quelques idées aux
fourds & muets par le moyen des fens; M. Péreire
a perfectionné cet art, mais il n'a jamais été auffi
loin que M. l'Abbé de l'Epée, qui eft parvenu
non-feulement à faire apprendre à ces malheureux
plufieurs langues, mais même à leur donner des
connoiffances métaphyfiques, & à leur faire ex-

primer par des signes, des mots, qui, avant lui,
ne pouvoient se peindre qu'à l'esprit. Si cet art se
perd jamais, dit M. Gudin, dans son Ouvrage
intitulé, *aux mânes de Louis XV*, ces faits, dont
nous sommes témoins, seront mis au rang des
Fables, & nous passerons pour être aussi exagéra-
teurs que les Grecs.

(23) M. Haüy, Instituteur des Enfans Aveugles
de Paris, auxquels, à l'aide d'un méchanisme fort
ingénieux, il enseigne la Lecture, l'Ecriture, la
Grammaire, l'Arithmétique, l'Histoire, la Géo-
graphie, l'Imprimerie, la Musique, & auxquels
il fait encore apprendre des arts utiles, tels que la
filature, la corderie, la sangle, le filet, la ru-
bannerie, les lacets, le ficelage & la brochure des
livres. Les aveugles, qui participent aux avantages
de cet établissement, sont actuellement au nombre
de quarante, & on travaille à l'étendre jusqu'aux
aveugles de la Province.

Il semble que la Nature aime à dédommager
ceux qu'elle a privé du sens de la vue, par la per-
fection de celui qui y a le plus d'analogie, elle leur
accorde plus de délicatesse dans le toucher & une
mémoire prodigieuse. Saunderson, célèbre Mathé-
maticien Anglois, étoit aveugle, & donnoit cependant des leçons d'optique. Il avoit perdu la vue à
l'âge d'un an par l'effet de la petite vérole, &
n'avoit conservé aucune idée de la lumière ni des
couleurs. Il fit cependant ses études, & ses progrès
dans les Sciences & dans la connoissance des Lan-

gues favantes le mirent bientôt en état d'expliquer
Euclide, Archimède & Diophante. Il en pénétra
toutes les profondeurs, & fut jugé digne de pro-
feffer dans l'Univerfité de Cambridge; il y développa les Ouvrages immortels de Newton, fes
Principes de Philofophie naturelle, fon Arithmétique univerfelle, & tout ce que ce grand homme
a publié fur la lumière & les couleurs. Ce fait ne
peut paroître incroyable qu'à ceux qui ignorent
que l'optique & toute la théorie de la vifion s'ex-
pliquent par des lignes & des figures qui font du
reffort de la Géométrie. Saunderfon avoit exécuté,
pour fon ufage, une Arithmétique palpable; & par
le feul fens du toucher, il faifoit les opérations les
plus compliquées. On en trouve la defcription en
tête des Elémens d'Algèbre, que cet Aveugle célèbre a donnés au Public. Il avoit, dit-on, le tact
fi délicat, que dans une collection de médailles il
diftinguoit les vraies d'avec les fauffes. Il s'apper-
cevoit auffi du moindre changement qui arrivoit
dans l'atmofphère, & étoit averti par les impref-
fions de l'air fur fon vifage, fi l'on approchoit de
lui ou s'il paffoit près d'un arbre; lorfqu'il entroit
dans une chambre, il eftimoit fon étendue par le
bruit de fon pas, & déterminoit à quelle diftance
il étoit du mur. Sa mémoire étoit telle, qu'il fui-
voit les plus habiles calculateurs, quand ils tra-
vailloient fur des problèmes d'Algèbre, & cor-
rigeoit fur-le-champ les fautes qui leur échap-
poient.

(14) Ce prix, fondé par M. de Monthyon,

Conseiller d'Etat, & Chancelier de Monseigneur
Comte d'Artois, a été donné pour la première
fois le 25 Août 1785. Si j'ai cité l'institution de
ce prix, comme honorable à notre siècle, n'ai-je
pas fait en même-tems l'éloge du Magistrat qui a
voulu qu'on rendît cet hommage aux vertus que
l'indigence déroboit trop souvent à l'admiration
publique ?

(25) Par un Edit du mois d'Août 1779, la
servitude a été abolie dans tous les Domaines
du Roi. Cette Loi bienfaisante est rapportée en
entier dans la nouvelle édition de l'Encyclopédie,
au mot *Main-morte.*

(26) En Janvier 1787 il a été ouvert, par la
permission du Roi, une souscription de bienfaisance pour la construction de quatre nouveaux
Hôpitaux dans la ville de Paris. Les soumissions
faites à ce sujet, & reçues au Greffe de l'Hôtel-
de-Ville, montoient déjà à deux millions deux
cents mille livres à l'époque du 22 Juin 1787;
mais Sa Majesté ayant considéré que le montant
de ces offres étoit encore fort au-dessous de la
dépense qu'exigent les bâtimens & édifices de ces
grands établissemens, devenus nécessaires au sou-
lagement des pauvres malades, & si ardemment
desirés depuis long-tems dans la Capitale; ayant
d'ailleurs reconnu que l'un des principaux moyens
d'accélérer l'exécution d'une aussi grande entre-
prise, étoit d'épargner les sommes considérables
qui seroient employées à l'acquisition des fonds,

D 5

économie d'autant plus facile, qu'on pouvoit pro-
fiter de ceux qui étoient déja confacrés par les
titres de leurs fondations à des ufages pieux &
charitables, a ordonné, par Arrêt de fon Confeil
d'Etat du 22 Juin 1787, & fixé l'établiffement
de quatre nouveaux Hopitaux pour la ville de
Paris, le premier à l'hopital Saint - Louis, le
fecond à l'hopital Sainte-Anne, le troifième aux
Hofpitalières de la Roquette, & le dernier à
l'Abbaye Royale de Sainte-Périne de Chaillot.

(27) La Société Philantropique, qui s'eft formée
à Paris en 1780, n'étoit dans fon principe compofée que de fept Membres, qui, animés » du
» defir vague de faire du bien, n'étoient fixés à
» aucun objet déterminé. Mais elle s'apperçut
» bientôt que, pour embraffer tant de parties
» différentes, il lui falloit des fonds inépuifables.
» En conféquence, elle s'eft attachée depuis à
» quatre claffes particulières de malheureux, qui
» étant les plus abandonnés, lui ont paru les plus
» dignes d'être fecourus. Savoir, les ouvriers octo-
» génaires, les aveugles-nés, les femmes enceintes
» de leur fixième enfant, & les veufs & veuves,
» chargés de fix enfans en bas-âge.

DISCOURS,

Par M. le Duc DE CHAROST,
Pair de France.

MESSIEURS,

VOUS avez chargé vos Commiſſaires de rédiger des Statuts provi-
ſoires, ils viennent aujourd'hui vous
rendre compte de leur miſſion, &
m'ont permis d'être auprès de vous
l'organe de leur zèle.

Quelle ſatisfaction perſonnelle n'ai-je
pas goûté quand j'ai vu ſe former un
Etabliſſement que j'avois oſé propoſer
à la Société Philantropique : » comme
» un nouveau ſecours à établir par elle
» en faveur des priſonniers ſoupçonnés
» de crimes dont la ſûreté de la So-
» ciété entière avoit commandé la dé-
» tention, & dont l'équité ordonnoit
» l'élargiſſement, comme un nouveau
» bienfait que le cœur des Philantropes
» réſervoit à l'humanité ! C'eſt ainſi, lui

D 6

» difois-je, que l'équité de la bienfai-
» fance viendra dédommager des inno-
» cens malheureux des rigueurs, triftes
» fans doute, mais inféparables de la
» Juftice, & que ces fecours hono-
» rables deviendront la couronne de
» l'innocence, le dédommagement du
» malheur, la confolation des Juges «•
J'ajouterai ici, Meffieurs, avec une
nouvelle confiance ce que je difois
en 1786 à la Société Philantropique.

» Nous ne pouvons douter de l'in-
» térêt public pour cette Claffe, en la
» lui indiquant, nous exercerons une
» efpèce de Miniftère dont nous ferons
» revêtus par fa confiance, & dont les
» devoirs nous feront toujours pré-
» cieux «.

De fages motifs empêchèrent alors
la Société Philantropique d'adopter ces
vues, elle envifagea l'étendue des détails étrangers à la nature des fecours
qu'elle diftribue; elle fentit la néceffité
qu'elle fe feroit impofée, de franchir
pour ce genre de fecours, fi elle l'eût
adopté, des limites qu'elle avoit cru

devoir fe prefcrire , & qu'elle avoit
reftraint à la Capitale & fa banlieue.
Elle fembloit entrevoir dès-lors que
quelque Magiftrat qui joindroit à un
zèle vraiment patriotique des lumières
capables de perfectionner ce plan, de
l'étendre & d'en affurer la réuffité,
viendroit bientôt tarir la fource de fes
regrets.

Ce jour eft arrivé, Meffieurs, votre
refpectable Fondateur (M. Boucher
d'Argis) a rempli cet efpoir, & femble
l'avoir furpaffé.

L'innocent à dédommager a excité
fa fenfibilité, mais il ne s'eft pas borné
là ; il a encore cherché des befoins
dignes de celle des Magiftrats, des
Citoyens, des hommes ; il a vu l'indigent ayant fouvent à foutenir les
droits les plus légitimes, & réduit par
l'indigence à les abandonner ; le foible
être par-là expofé aux injuftices du
fort, trouvant la fûreté de fa caufe
dans l'impuiffance de fon adverfaire,
& vous avez vu paroître ce plan qui
a déja réuni en trois mois de tems plus

de 150 Membres, tandis qu'en trois ans, la Société Philantropique n'en avoit pas encore réuni 50. Telle est, Messieurs, en morale comme en physique, la force impulsive ; le mouvement a été donné par la Société Philantropique, & cette Association a participé à l'énergie que la première avoit acquise. C'est ainsi que l'habitude de la bienfaisance rend les hommes plus humains & plus sensibles, & que, bien loin qu'une nouvelle Société nuise à une autre, elles se soutiennent & s'entr'aident.

Mais toute Société ne peut subsister que par l'ordre, vous avez senti la nécessité de l'assurer par des Règlemens. Vos Commissaires ont pris pour le régime général ce qu'ils ont pu adapter à cette Association de l'administration de la Société Philantropique, dont l'expérience a fait connoître l'utilité ; & votre Fondateur, aidé de quelques-uns de MM. vos Commissaires, a apporté à nos Comités préparatoires un projet de Comité Judiciaire qui ne pouvoit être bien formé que par lui, & qui a réuni tous les fuffrages de vos Com-miffaires. C'eft à lui à vous lire ces Règlemens auxquels il a eu tant de part, & qui, révifés tous les ans d'a-près les fecours de vos lumières, ac-querront peu-à-peu ce degré de per-fection que le tems feul & l'expérience peuvent leur affurer.

RÈGLEMENS

GÉNÉRAUX

POUR

L'ASSOCIATION

DE

BIENFAISANCE JUDICIAIRE.

PREMIÈRE PARTIE.

CHAPITRE PREMIER.

ARTICLE PREMIER.

LES Statuts & Règlemens de l'Association de Bienfaisance Judiciaire feront divisés en deux parties.

La première comprendra ceux qui intéressent essentiellement les formes constitutives de la Société, son administration, sa police intérieure.

La seconde comprendra ceux qui appartiennent aux deux objets de son

Etabliffement, la défenfe gratuite des pauvres, & l'indemnité des prifonniers déchargés d'accufation.

A R T. I I.

Il ne fera rien innové aux Statuts & Règlemens de l'Affociation, que par délibération de tous les Membres convoqués à cet effet.

A R T. I I I.

Les changemens ou additions à faire dans les Règlemens, feront arrêtées à la pluralité des voix de tous les Membres préfens à l'Affemblée, dans laquelle il en fera délibéré.

A R T. I V.

La révifion des Statuts & Règlemens ne pourra être faite que tous les ans, par le Comité d'Adminiftration, auquel feront joints fix Commiffaires, nommés à cet effet par l'Affemblée générale, & auxquels tous les Membres feront invités, comme ils y font d'avance, à

adreffer leurs Mémoires & Obferva-
tions fur les abus qu'ils auroient cru
remarquer dans l'exécution des Règlemens actuels, & fur les moyens d'y
apporter les remèdes propres à procurer le plus grand bien, & à remplir
le plus efficacement poffible les deux
objets de la Société.

A R T. V.

Les préfens Règlemens, & ceux qui
pourront être faits à l'avenir, ayant une
fois reçu la fanction de l'Affemblée générale, tous les Membres de l'Affociation, & ceux qui y feront admis par
la fuite, en figneront la minute, qui
fera dépofée aux archives, comme un
engagement de s'y conformer, jufqu'à
ce qu'il y ait été dérogé par des Règlemens ultérieurs.

A R T. V I.

La minute defdits Règlemens, ou
l'exemplaire qui en fervira, s'ils font
imprimés par la fuite, fera toujours pofé
fur le bureau de l'Affociation, pour

être confulté au befoin dans les Affemblées générales ou particulières.

CHAPITRE II.

De la compofition de l'Affociation.

ARTICLE PREMIER.

L'Affociation fera compofée d'une
feule claffe d'Affociés, pris dans les
divers états honorables de la Société.

ART. II.

Le nombre des Affociés fera indé-
terminé.

ART. III.

Les Dames feront admifes à foufcrire
en qualité de bienfaitrices.

ART. IV.

Les Affociés qui voudront garder
l'anonyme ne pourront avoir entrée,
rang, féance, ni voix délibérative dans
les Affemblées de l'Affociation.

A r t. V.

Les Dames qui defireront être admifes dans l'Affociation en qualité de
bienfaitrices, feront obligées de fe
faire préfenter par un Affocié, &
agréer par le Comité.

A r t. V I.

Les Affociés anonymes qui voudront
enfuite fe faire connoître pour obtenir
l'entrée des Affemblées de l'Affociation, feront obligés de fe foumettre
aux règles prefcrites par le Chapitre
fuivant, pour l'admiffion des Membres
de l'Affociation.

A r t. V I I.

Les Compagnies, Corps & Communautés, qui défireront foufcrire pour
l'Affociation, pourront y avoir un Député qui les repréfentera dans les Affemblées.

CHAPITRE III.

De l'admission des Membres de l'Association.

ARTICLE PREMIER.

Pour être admis à l'avenir dans l'Association, il faudra se faire présenter par un Associé.

ART. II.

Aucun Aspirant ne pourra être proposé qu'il n'ait atteint l'âge de vingt ans accomplis.

ART. III.

Les Associés qui auront des Aspirans à proposer, adresseront leurs propositions, par écrit & signées, au Président du Comité d'Aminiftration, qui en fera part d'abord au Comité, lequel donnera, fur l'Aspirant, un avis préparatoire.

ART. IV.

Les noms, qualités & demeures des

Afpirans, feront indiqués dans les lettres
de convocations pour les Affemblées
où ils feront fcrutinés.

A R T. V.

Aucun Afpirant ne pourra être admis qu'il n'y ait eu une Affemblée générale entre fa préfentation au Comité
& celle où il fera fcrutiné.

A R T. V I.

Dans l'Affemblée qui précèdera le
fcrutin, la lifte des Afpirans fera placée dans un lieu apparent de la falle
d'Affemblée, afin que chacun de MM.
les Affociés puiffent en prendre connoiffance, y réfléchir, prendre les informations néceffaires & préparer leur
vœu, & il en fera même fait lecture
à l'Affemblée par le Secrétaire du Comité, avec l'indication exacte des
noms, qualités & demeures des Afpirans, afin qu'il foit conftant que tous
les Membres ont eu connoiffance de
ladite lifte.

ART. VII.

Les jours de scrutin pour admission, il sera délivré, à chaque Associé, en entrant, autant de jetons qu'il y aura d'Aspirans. Chaque jeton portera un numéro correspondant au numéro attribué à chaque Aspirant, sur les billets de convocation & sur la liste affichée dans la salle d'Assemblée. _ les Associés donneront leur scru a en y entrant, & immédiatement après avoir signé la feuille de présence.

ART. VIII.

Pour recevoir ce scrutin, il sera établi, dans une partie isolée de la salle, deux boîtes fermant à clef, dont une blanche & une noire; les Associés mettront, dans la boîte blanche, le numéro correspondant à celui de l'Aspirant qu'ils voudront rejetter. Et afin de prévenir toute erreur, la liste des Aspirans, dont chaque nom sera accompagné d'un numéro, sera placée immédia-

tement au-deſſus de la table, ſur laquelle ſeront poſés les boîtes de ſcrutin.

A R T. I X.

Le Préſident aura la clef des boîtes
de ſcrutin; il en fera ouverture auſſitôt
le ſcrutin achevé. Les Officiers du
Comité vérifieront le nombre des jetons, & les compteront ſuivant l'ordre
des numéros; la boîte blanche ſera
ouverte la première, & la noire ne le
ſera qu'après la vérification de la blanche, & avoir retiré exaĉtement tous
les jetons de deſſus le bureau.

A R T. X.

Si l'Aſpirant a contre lui le cinquième
des voix, il ſera rejeté, ſans que ſon
ſcrutin puiſſe être recommencé aux
Aſſemblées ſubſéquentes; s'il a moins
du cinquième, il ſera admis, & il lui
en ſera donné connoiſſance par une lettre
du Secrétaire de l'Aſſociation, auquel
il juſtifiera de ſa quittance de cotiſa-
tion, & qui, en conſéquence de cette
juſtification,

juftification, l'invitera à fe trouver à la première Affemblée, pour y entendre, de la bouche du Préfident, le vœu de l'Affociation, & prendre place parmi les Affociés.

ART. XI.

L'Affocié nouvellement élu, ainfi qu'il a été dit au Chapitre des Statuts, fignera la minute des Règlemens, & promettra de les obferver.

ART. XII.

On ne pourra, fous aucun prétexte, procéder aux fcrutins d'admiffion, qu'il n'y ait au moins trente Affociés préfens.

ART. XIII.

Les Affociés font invités à ne point nommer, hors de l'Affemblée, les Afpirans qui auront été refufés.

ART. XIV.

Les Corps & Compagnies qui voudront entrer dans l'Affociation, ne fe-

E

ront point affujettis à la formalité du
fcrutin ; mais ils feront agréer, au
Comité, le Député qu'ils auront chargé
de les repréfenter dans les Affemblées,
& la Délibération par laquelle ils en
auront fait choix fera infcrite fur le
regiftre des Délibérations du Comité
d'Adminiftration.

CHAPITRE IV.

*De la cotifation des Affociés, & de la
Médaille qui fera frappée pour conftater
l'époque de l'établiffement de l'Affociation.*

ARTICLE PREMIER.

La cotifation annuelle fera de qua-
rante-huit livres, tant pour les Affociés
que pour les Dames bienfaitrices.

ART. II.

Pour confacrer l'époque de l'établiffement de l'Affociation, & en conferver
la mémoire, il fera frappé une médaille
d'argent, du poids d'environ fix francs.

Les emblêmes & devifes feront ana-
logues aux deux objets de l'Affociation,
& les deffins en feront arrêtés par le
Comité d'Adminiftration.

A r t. I I I.

Cette Médaille fera offerte, comme
un figne de confraternité à tous les
Affociés actuels, & à ceux qui feront
admis à l'avenir dans l'Affociation, &
chacun des Affociés remettra au Tréforier une fomme de douze livres.

A r t. I V.

Cette Médaille fera donnée aux
Dames bienfaictrices, & il ne fera rien
exigé d'elles.

A r t. V.

Les cotifations feront payables de
fix mois en fix mois & d'avance, entre
les mains du Tréforier; favoir en Avril
& en Octobre de chaque année, &
le Tréforier en donnera quittance.

A r t. V I.

Les cotisations des Associés commenceront toujours à courir du premier jour du trimestre de leur admission, qu'ils ayent été installés ou non.

A r t. V I I.

Dans le cas où un Associé seroit en retard de payer sa cotisation, il en sera averti trois fois de mois en mois, par le Trésorier, après que le Comité l'y aura autorisé ; & dans le cas où il ne répondroit pas à ce triple avertissement, son silence sera regardé comme une démission ; &, sur le rapport du Trésorier, le nom de cet Associé sera rayé de la liste des Membres de l'Association.

A r t. V I I I.

Le Secrétaire du Comité rendra compte à l'Assemblée générale des Membres retranchés du tableau de l'Association, par mort, démission, ou à défaut de payement de leur cotisation.

A R T. I X.

MM. les Auteurs du Journal de Paris feront invités à recevoir toutes les fommes qui leur feront remifes pour être à la difpofition de l'Affociation, ainfi qu'ils en ufent pour la Maifon Philantropique.

A R T. X.

Il fera libre aux perfonnes qui remettront ainfi des deniers, foit au Bureau du Journal de Paris, foit au Tréforier de l'Affociation, d'en déterminer elle-mêmes l'application, & de les deftiner, foit à la défenfe gratuite des pauvres, foit à l'indemnité des prifonniers déchargés d'accufation.

A R T. X I.

Le Tréforier de l'Affociation fera autorifé à retirer toutes les femaines, des mains de MM. les Auteurs du Journal de Paris, les diverfes fommes qu'ils auront pu recevoir, & il en

E 3

rendra compte au Comité , ainſi que de toutes celles qui auront pû lui être re- miſes à lui-même à titre de ſouſcription ou autrement. Il en donnera pareille- ment connoiſſance à l'Aſſemblée géné- rale.

CHAPITRE V.

Du Comité d'Adminiſtration, & des Officiers de l'Aſſociation.

ARTICLE PREMIER.

Il y aura un Comité permanent d'Ad- miniſtration , compoſé d'un Préſident , de deux autres Préſidens , d'un pre- mier Rapporteur , d'un ſecond Rap- porteur, d'un Secrétaire , d'un Tréſo- rier & de douze Aſſociés.

ART. II.

Tous les Membres de l'Aſſociation feront indiſtinctement ſuſceptibles d'être élus aux différentes places de l'Admi- niſtration.

ART. III.

L'élection des Officiers & Membres de l'Administration sera faite tous les ans dans la première quinzaine de Décembre , pour entrer en exercice au premier Janvier suivant.

ART. IV.

Afin que tous les Associés puissent entrer successivement dans le Comité d'Administration , l'élection des Membres sera faite en la manière suivante ; on procédera d'abord au choix d'un Président dont l'exercice durera deux années , & pourra être prolongé autant qu'il plaira à l'Association , mais en renouvellant toujours l'élection tous les deux ans ; on élira ensuite les deux autres Présidens dont un sera renouvellé tous les ans, le second Vice-Président devenant le premier , & pour cette fois celui des deux élus qui sera plus ancien que l'autre en inscription sur les registres de l'Association , sera élu pour deux ans, le moins ancien

E 4

fera remplacé l'année fuivante; il en fera ufé de même à l'égard des deux Rapporteurs; le Secrétaire & le Tréforier feront perpétuels. A l'égard des douze Membres du Comité, il n'en fera renouvellé que quatre tous les ans, & les huit derniers, fuivant l'ordre du Tableau, qui feront élus cette fois, feront les premiers remplacés. Cet ordre d'élection eft ainfi établi, afin que le Comité d'Adminiftration ne foit jamais entièrement renouvellé, & que les principes qui doivent le gouverner, s'y maintiennent & s'y tranfmettent fucceffivement.

A R T. V.

En cas de décès ou démiffion d'un des Membres de l'Adminiftration, le Comité en nommera un autre par *interim* pour le temps feulement qui refteroit à expirer de l'exercice du Membre décédé ou démiffionnaire, à l'exception toutefois du Préfident & du Tréforier pour lefquels il fera befoin d'une Affemblée générale; mais cette nomina-

tion ne fera également faite que par
interim, & fera renouvellée à l'époque
fixée par les Règlemens pour l'élection
des Officiers de l'Adminiftration.

A r t. V I.

L'élection des Officiers fe fera en la
manière fuivante ; les deux Commiffaires aux Affemblées, dont il fera
parlé ci-après au Chapitre des Affemblées, diftribueront avec ordre, à chacun
des Affociés préfens à l'Affemblée, un
bulletin marqué de l'empreinte de l'Affociation, & fur lequel fera gravé ou
imprimé le titre de l'Office à l'élection
duquel il fera queftion de procéder.
Chaque Affocié infcrira fur ce bulletin
le nom de la perfonne à laquelle il donnera fon vœu. Ces bulletins feront enfuite recueillis dans le même ordre dans
une des boîtes deftinées au fcrutin par
un autre Membre de l'Affemblée également choifi par M. le Préfident ; la
boîte, pofée fur le bureau, fera ouverte par M. le Préfident ; alors les deux
Commiffaires & tous les Officiers de

l'Adminiſtration dérouleront & claſſeront les bulletins , & à meſure que l'un d'eux fera la lecture des noms qui y feront inſcrits , M. le Secrétaire les inſcrira de ſon côté ſur une liſte, en marquant d'une barre correſpondante chaque répétition du même nom ; & après avoir compté & comparé les voix, M. le Préſident déclarera celui qui aura obtenu la pluralité : le même procédé aura lieu pour chaque élection.

A R T. V I I.

Dans le cas où deux Aſſociés réuniroient le même nombre de voix , le plus ancien Aſſocié aura la préférence.

A R T. V I I I.

Les fonctions du Préſident ſeront de tenir les Aſſemblées, de recueillir les voix des Aſſociés lors de l'appel qu'il en fera ſur les feuilles de l'Aſſemblée, en n'appelant que les Aſſociés dont le nom aura été par eux émargé ; il mettra en délibération les queſtions qui feront

propofées, il en règlera l'ordre, recevra les Affociés admis, propofera les
Afpirans, recevra les fcrutins, comp-
tera les voix, & annoncera les réfultats.

A R T. I X.

Les deux feconds Préfidens, fuivant
leur rang, rempliront les fonctions du
Préfident en fon abfence.

A R T. X.

En l'abfence des trois Préfidens,
l'Affemblée fera préfidée par le premier ou par le fecond Rapporteur, ou
par le Secrétaire, ou par le Tréforier,
fucceffivement & graduellement, & en
cas d'abfence de tous lefdits Officiers,
par le plus ancien des Affociés préfens.

A R T. X I.

Les Rapporteurs feront chargés de
rapporter au Comité d'Adminiftration
tous les mémoires qui y feront préfentés, pour obtenir les fecours de
l'Affociation, & d'y rendre compte

E 6

également des pièces juftificatives dont
la repréfentation fera néceffaire, ainfi
qu'il fera expliqué au Chapitre des
Comités Judiciaires.

Art. XII.

Le Secrétaire fera chargé de tenir
le regiftre des délibérations du Comité
& celui des Affemblées générales,
d'écrire les lettres & avis qui doivent
être publiés au nom de la Société, après
les avoir communiqués au Comité qui
en fera part à l'Affociation ; il veillera
à l'ordre des bureaux du Secrétariat,
il fera chargé du dépôt des archives,
& aura foin que tous les Affociés
foient prévenus à temps des jours,
lieu & heure des Affemblées.

Art. XIII.

Les fonctions du Tréforier feront de
recevoir toutes les cotifations & le
produit des bienfaits connus ou anonymes, & d'acquitter fur les mandats
du Comité d'Adminiftration toutes les

fommes dont le paiement y aura été déterminé ; enfin, de tenir un regiſtre exact de recette & de dépenſe.

Art. XIV.

Le Tréforier placera au Mont-de-Piété le montant des fonds qui, d'après les délibérations du Comité, pourront y être dépoſés, il s'en fera délivrer des billets de 1000 liv. chacun portant intérêt, & il ne pourra payer que ſur des mandats ſignés au moins de celui qui aura préſidé le Comité, d'un Rapporteur & du Secrétaire.

Art. XV.

Le Tréforier préſentera tous les mois au Comité ſon état de ſituation, & il en fera rendu compte à l'Affemblée générale qui ſuivra. Tous les ans ſon compte fera préſenté à l'Affemblée générale : ce compte fera compoſé de deux Chapitres, l'un de recette, & l'autre de dépenſe ; il fera arrêté après que la vérification en aura été faite,

& dépofé aux archives avec toutes les pièces au foutien.

ART. XVI.

Le Secrétaire & le Tréforier pourront fe choifir chacun un Adjoint parmi les Membres du Comité, afin d'être fuppléés en cas d'abfence ou de maladie, & l'Affociation les acceptera fur la préfentation qui lui en fera faite.

ART. XVII.

On procédera à l'élection des Officiers dans l'ordre fuivant.

1°. Le Préfident.
2°. Les deux feconds Préfidens.
3°. Les Rapporteurs.
4°. Le Secrétaire.
5°. Le Tréforier.
6°. Les Membres du Comité.

CHAPITRE VI.

Des Assemblées de l'Association.

ARTICLE PREMIER.

Les Assemblées de l'Association se tiendront toujours les premier & troisième mercredi de chaque mois, même les jours de Fêtes, & les Associés en feront avertis par des billets de convocation signés de l'Agent de la Société, & adressés à tous les Membres, même à ceux qui seroient absens, mais qui n'en auroient pas prévenu.

ART. II.

Les lettres de convocation porteront en marge les observations ou les avis que le Comité croira devoir donner à MM. les Associés, & ces avis seront imprimés en caractère différent, afin de pouvoir être plus facilement saisis.

Art. III.

Il fera nommé deux Commiſſaires aux Aſſemblées, dont l'un ſera toujours choiſi parmi les Membres du Comité, & l'autre parmi les Aſſociés. Le choix en ſera fait par le Comité ; leurs fonctions ſeront de donner les ordres néceſſaires pour que la ſalle d'Aſſemblée ſoit en état de recevoir les Aſſociés, de faire préparer les boîtes & les jetons pour le ſcrutin & autres objets néceſſaires, de faire placer la liſte des Aſpirans au-deſſus des boîtes de ſcrutin, de diſtribuer les jetons & les bulletins pour les ſcrutins ou pour les élections, généralement de pourvoir à tout ce qui ſera néceſſaire pour les Aſſemblées.

Art. IV.

L'ouverture des Aſſemblées ſera fixée à ſix heures préciſes du ſoir, à la montre du Préſident, après laquelle heure on ne ſera plus admis à ſigner

la feuille de préfence qui fera remife
fur le bureau du Comité.

ART. V.

Tous les Affociés en entrant dans la
falle d'Affemblée, & avant de prendre
féance, figneront la feuille d'Affemblée
qui fera imprimée, & contiendra les
noms de tous les Affociés fuivant la
date de leur admiffion ; ils figneront en
marge de leur nom.

ART. VI.

Il y aura dans la falle d'Affemblée
un bureau autour duquel feront placés
les Officiers de l'Adminiftration.

ART. VII.

Aucun Affocié ne pourra voter dans
une délibération commencée avant fon
arrivée.

ART. VIII.

L'un des Commiffaires aux Affemblées s'informera du nom de ceux qui

entreront après la remife de la feuille
fur le bureau, & en donnera avis au
Secrétaire, foit afin d'infcrire fon nom
fur la feuille, foit afin de prévenir
par-là l'introduction de toute perfonne
étrangère à l'Affemblée.

ART. IX.

M. le Préfident commencera l'Affemblée par la réception des nouveaux
Affociés admis dans la féance précé-
dente, & qui lui feront préfentés par
leurs parrains : il leur demandera fi les
Statuts leur ont été communiqués, s'ils
promettent de les obferver ; & après
leur réponfe affirmative, il leur pré-
fentera les Statuts à figner, leur té-
moignera combien l'Affociation eft flat-
tée de les recevoir dans fon fein, &
les invitera à prendre féance.

ART. X.

Le Secrétaire lira enfuite la lifte des
Afpirans qui feront fcrutinés lors de la
prochaine Affemblée.

A R T. X I.

S'il y a quelqu'Afpirant à fcrutiner, un des deux Commiffaires aux Affemblées ira chercher les deux boites de fcrutin pour être ouvertes l'une après l'autre dans la forme prefcrite.

A R T. X I I.

Le Tréforier rendra compte enfuite des fommes qui lui feront parvenues dans la quinzaine, foit à titre de foufcription, foit à titre de pure bienfaifance.

A R T. X I I I.

Le Secrétaire ou fon Adjoint fera la lecture du procès-verbal de la dernière Affemblée.

A R T. X I V.

L'un des Rapporteurs rendra compte du travail du Comité, & le Préfident mettra en délibération les objets qui en auront été jugés fufceptibles.

A R T. X V.

Nul Membre ne pourra faire aucune motion fans en avoir prévenu le Comité, dont le Préfident mettra en délibération la queftion propofée.

A R T. X V I.

Pour obvier aux longueurs inféparables des Affemblées nombreufes, & conferver néanmoins la liberté des fuffrages, il eft convenu que le filence univerfel de l'Affemblée fur les propofitions qui lui feront faites par le Comité, fera regardé comme une adhéfion unanime.

A R T. X V I I.

Dans tous les cas, les oppofitions feront toujours réglées au dixième des Membres préfens.

A R T. X V I I I.

Dans le cas où le dixième des Membres préfens à l'Affemblée n'eftimeroit

pas la matière fuffifamment éclaircie,
& réclameroit contre les propofitions
du Comité, elles feront mifes en délibération, & les voix prifes nominati-
vement.

A R T. X I X.

Chacun parlera ou opinera par rang
d'ancienneté fur l'invitation du Préfident, en commençant par les Officiers
de l'Affociation.

A R T. X X.

Les queftions mifes en délibération
feront, autant qu'il fera poffible, pofées
de manière à être réfolues par oui ou
par non, ce qui n'empêchera jamais les
opinans d'ouvrir un avis mixte ou mo-
difié,

A R T. X X I,

Les avis feront recueillis à mefure
par le Secrétaire, aidé à cet effet par
les Officiers de l'Affociation; & fur
leur Tableau comparé, M. le Préfident annoncera le réfultat de la plu-

ralité, & la décision sera inscrite sur le regiftre des Affemblées.

ART. XXII.

En cas de partage, le Préfident aura la voix prépondérante.

ART. XXIII.

Dans le cas où il y auroit plus de deux avis, les deux avis plus nombreux refteront en délibération, & les autres opinans feront obligés, fur l'invitation qui leur en fera faite par le Préfident, de revenir à l'un de ces deux avis.

ART. XXIV.

S'il y avoit plus de trois avis, le moins nombreux feroit obligé de revenir le premier, & ainfi de fuite jufqu'à ce qu'il n'en reftât plus que deux.

ART. XXV.

Indépendamment des Affemblées générales qui fe tiendront de quinzaine en quinzaine, il y aura une Affemblée an-

nuelle à laquelle feront invitées, par
billets de convocation, toutes les Dames bienfaitrices.

A r t. X X V I.

Comme il ne fera queftion dans cette
Affemblée que de préfenter le Tableau
général des avantages, des progrès,
des reffources de l'Affociation, enfin,
le compte de l'emploi de fes fonds;
il ne pourra être fait ce jour-là aucune
motion, ni pris aucune délibération.

A r t. X X V I I.

Il fera également rendu compte dans
cette Affemblée des procès les plus in-
téreffans qui auront été défendus par
l'Affociation, & des indemnités qu'elle
aura accordées aux prifonniers déchargés d'accufation.

A r t. X X V I I I.

Cette Affemblée aura lieu au jour
& à l'heure qui feront indiqués par le
Comité d'Adminiftration.

ART. XXIX.

Aucun Membre de l'Association ne pourra se faire substituer aux Assemblées par un fondé de procuration : les Compagnies, Corps & Communautés seulement, pourront s'y faire représenter par un Député, ainsi qu'il a été dit ci-dessus.

CHAPITRE VII.

Des fonctions du Comité d'Administration relativement à l'Ordre Judiciaire.

ARTICLE UNIQUE.

Il en sera traité dans la seconde Partie de ces Règlemens.

SECONDE

SECONDE PARTIE.

CHAPITRE PREMIER.

Quelles Personnes & quels Procès l'Association se chargera de défendre.

ARTICLE PREMIER.

L'Association se chargera de défendre dans les différens Tribunaux de la Capitale, tant en cause principale qu'en cause d'appel, les pauvres domiciliés dans l'étendue de la Généralité.

ART. II.

Elle ne se chargera de défendre, tant en cause d'appel qu'autrement, que les procès qui auront été jugés dans un des Tribunaux de la Généralité.

ART. III.

Les habitans de la campagne qui désireront participer aux secours de

F

l'Affociation, préfenteront au Comité
d'Adminiftration un mémoire, dans
lequel ils expoferont fommairement
l'objet de leurs prétentions ou des
demandes formées contre eux, & ils
y joindront un certificat de leur Curé
& des Syndics de leurs Paroiffes, contenant qu'ils font pauvres, de bonne vie
& mœurs; ils y joindront auffi un extrait
du rôle des Tailles & Vingtièmes de
leur Paroiffe, & certifieront fur leur
honneur qu'ils ne font pas impofés pour
d'autres fommes fur d'autres Paroiffes,
auquel cas ils rapporteroient pareil. ex-
traits que deffus.

A R T. I V.

Les habitans des villes, indépendamment du certificat de leur Curé, rap-
porteront extrait du rôle des Tailles,
s'ils y font impofés ou de capitation,
& feront figner leur certificat par les
Officiers Municipaux, s'ils en font connus, ou par quatre Notables qui attef-
teront, avec leur Curé, leur probité
& leur pauvreté, le tout joint au mé-

moire où fera expofé l'objet de la con-
teftation.

ART. V.

L'Affociation ne fe chargera de défendre que les caufes que fon Comité
particulier aura reconnu pour bonnes
& évidemment juftes, quant au droit,
& elle rejettera toutes les autres ainfi
& de la manière qui fera développée au
Chapitre du Comité Judiciaire.

ART. VI.

Si l'Affociation avoit commencé la
défenfe d'une caufe qui lui avoit paru
bonne dans le principe, & que la difcuffion des procédures en développât
le vice, elle l'abandonneroit en rem-
bourfant au défenfeur les avances par
lui faites jufqu'à ce jour.

ART. VII.

Ceux qui défireront obtenir les fecours
de l'Affociation, remettront entre les
mains de fon Agent les preuves de pauvreté exigées par les articles III & IV,

& un mémoire succinct contenant l'ex-
posé de leurs prétentions ou de celles
formées contre eux ; ils y joindront les
pièces qui pourront servir à les défendre ou à faire valoir leurs droits,
& les procédures qui auroient pu avoir
été déja faites.

Art. VIII.

L'Agent remettra toutes ces pièces
par distinction entre les mains de M. le
Président, qui les distribuera successivement aux deux Rapporteurs du Comité d'Administration, pour, sur leur
rapport, être vérifié & décidé, si celui
qui réclame les secours de l'Association
est dans le cas de les obtenir, à raison
de son domicile & de sa pauvreté,
sauf au Comité Judiciaire à prononcer
ensuite sur le fonds de l'affaire, & à
décider si, à raison de sa légitimité,
l'Association en embrassera la défense.

Art. IX.

Le Comité d'Administration ayant
décidé que le Client étoit dans ces cas

de domicile, de pauvreté & de compétence prévus par les articles précédens, le Président fera remettre le mémoire, les pièces & procédures à l'un des Membres du Comité Judiciaire, pour, sur son rapport, être décidé par l'un des Bureaux si l'affaire est, ou non, de nature à être suivie par l'Association.

A R T. X.

L'Agent tiendra un regiftre fur lequel feront infcrits les noms des Clients dont les mémoires auront été rapportés au Comité d'Administration, la décision que le Comité en aura portée, & le nom de l'Affocié qui aura été choisi pour la rapporter, sur le fond, au Comité Judiciaire.

CHAPITRE II.

De l'Association Judiciaire.

ARTICLE PREMIER.

Il y aura un Comité Judiciaire composé de 36 Associés, choisis, par le Comité d'administration, parmi les Associés de la classe Judiciaire.

ART. II.

Les Membres de ce Comité seront divisés en quatre Bureaux de neuf personnes chacun, dont la distribution sera également faite par le Comité d'Administration.

ART. III.

Le Comité aura soin de composer chaque Bureau de manière qu'on y trouve des Associés de toutes les classes de l'Ordre Judiciaire.

ART. IV.

Afin de ne point enlever aux Parties un trop grand nombre de leurs Juges, qui, ayant déja donné leur vœu pour la défenfe, ne pourroient plus opiner lors du jugement, il ne fera admis dans chaque Bureau qu'un Magiftrat d'un même Tribunal pour ceux qui ne font compofés que d'une feule Chambre, ou d'une même Chambre pour ceux qui font compofés de plufieurs.

ART. V.

Les feuls Avocats infcrits fur le Tableau de leur Ordre ou Collége, pourront être Membres du Comité Judiciaire avec voix délibérative. A l'égard des jeunes Avocats au Parlement qui ne font point encore infcrits fur le Tableau, mais qui font admis à faire leur Stage, ils pourront y être appelés en rapportant par eux au Comité d'Adminiftration un certificat de M. le Bâtonnier.

F 4

ART. VI.

Indépendamment des neuf Membres de l'Ordre Judiciaire, dont feront ef-fentiellement compofés les différens Bureaux du Comité, tous les autres Afociés feront invités indiftinctement à s'y trouver fucceffivement, & tour-à-tour, au nombre de trois, mais ils n'y auront de voix délibérative qu'autant qu'ils feront de l'Ordre Judiciaire, foit qu'ils exercent encore leurs fonctions, foit qu'ils aient obtenu des lettres d'hon-neur ou la vétérance.

ART. VII.

Les trois Membres étrangers au Bu-reau qui y feront invités, recevront à cet effet une lettre de l'Agent, auquel ils voudront bien répondre s'ils fe ren-dront ou non au Bureau, afin que, fur leur refus, il foit adreffé une pareille invitation à ceux des Afociés qui les fuivent dans l'ordre de la lifte.

(129)

ART. VIII.

Les Membres étrangers au Bureau ne pourront jamais y préfider quelle que foit leur ancienneté.

ART. IX.

Les Affociés qui auront des mémoires à préfenter au Comité d'Adminiftration, pourront s'y rendre au jour & à l'heure de fon Affemblée, & y expofer eux-mêmes leurs demandes pour y être d'abord ftatué fuivant les cas prévus, & dans la forme prefcrite par les articles VII & VIII du Chapitre précédent, & l'affaire à être enfuite renvoyée au Comité Judiciaire, fuivant & dans la forme prefcrite par l'article IX.

ART. X.

Les Rapporteurs des affaires qui feront portées aux différens Bureaux du Comité Judiciaire, feront nommés par le Comité d'Adminiftration au bas du mémoire qui lui aura été préfenté, &

F 5

le Comité aura foin, excepté dans les cas où les circonftances exigeroient le choix particulier d'un Rapporteur, de nommer fucceffivement tous les Membres de chaque Bureau.

A r t. X I.

En cas de longue abfence ou de maladie, les Membres du Comité Judiciaire font priés d'en donner avis au Comité d'Adminiftration, afin qu'il puiffe être par lui pourvu à leur remplacement.

A r t. X I I.

En cas d'impoffibilité momentanée de fe trouver au jour d'Affemblée de leur Bureau, ceux qui feront dans ce cas pourront fe faire fuppléer par un Membre du Comité Judiciaire, & autant qu'il fera poffible du même ordre, du même état ou de la même profeffion, afin que le fervice des différens Bureaux n'éprouve aucune diminution de lumières ni aucune interruption.

ART. XIII.

Les Bureaux divifés par premier, fecond, troifième & quatrième, s'af- fembleront fucceffivement tous les Jeu- dis, cinq heures précifes du foir, en la Chambre de Police du Châtelet, & le travail n'y pourra commencer qu'il n'y ait au moins cinq Membres préfens.

ART. XIV.

Si le Jeudi fe trouve un jour de fête, le Bureau s'affemblera le lendemain Vendredi à la même heure.

ART. XV.

Les Rapporteurs choifis par le Co- mité d'Adminiftration, ne pourront rap- porter que dans le Bureau où ils auront été diftribués, à moins que, dans des cas urgens, le Comité d'Adminiftration n'en ait décidé autrement, ce dont mention feroit faite fur le Mémoire.

F 6

A r t. X V I.

Les Bureaux pourront, s'ils le jugent
à propos, s'ajourner extraordinaire-
ment, pour procurer une plus prompte
expédition aux affaires qui leur feroient
renvoyées, pourvu toutes fois que cela
ne dérange en rien l'ordre des autres
Bureaux.

A r t. X V I I.

L'esprit de bienfaisance n'admettant
ni les distinctions de l'ordre social, ni
les préséances qui sont l'effet des rangs
& des dignités, & tous les Associés
n'ayant qu'un même but, celui de fecourir les pauvres, les différens Associés, distribués dans les quatre Bureaux
du Comité Judiciaire, n'y auront d'autre
rang que celui de leur ancienneté dans
l'Association; le plus ancien Associé y
recueillera les voix, en commençant
par le Rapporteur, & en suivant pour
les autres l'ordre de leur Association.

ART. XVIII.

L'admiffion ou le rejet d'une affaire fera décidé à la pluralité des voix. En cas de partage d'opinions, elle fera rejettée comme mauvaife, à moins que toutes les voix ne fe réuniffent pour porter l'affaire à un autre Bureau, auquel elle feroit préfentée par le même Rapporteur, & par celui qui auroit ouvert l'avis contraire au fien.

ART. XIX.

Les Délibérations de chaque Bureau feront infcrites, jour par jour, fur un regiftre deftiné à cet effet, & tenu par l'Agent de l'Affociation; elles feront fignées par l'Ancien, par le Rapporteur & par l'Agent. Ce regiftre contiendra à la fin une table alphabétique, où l'on puiffe retrouver facilement les noms de ceux qui auront demandé les fecours de l'Affociation, & les décifions données fur leurs demandes, afin qu'une affaire rejettée ne puiffe s'y repréfenter.

ART. XX.

Lorsqu'un Bureau aura déterminé l'adoption d'une affaire, l'extrait de la délibération sera transcrit sur le Mémoire présenté, & signé de l'ancien du Bureau, du Rapporteur & de l'Agent. Ce Mémoire sera remis sous les yeux du Comité d'Administration, qui indiquera les Défenseurs qui seront donnés aux Parties, ainsi & de la manière expliquée plus au long au Chapitre suivant.

CHAPITRE III.

Des Défenseurs des Parties & autres Associés, dont les fonctions sont relatives à l'ordre Judiciaire ; des Dépens & Dommages & Intérêts.

ARTICLE PREMIER.

Les Avocats que le Comité d'Administration aura choisis dans le nombre des Associés, défendront gratuitement

les procès qui leur feront renvoyés ;
tant ceux d'audience que ceux appointés.

A r t. I I.

L'Auteur du premier projet de l'Affociation avoit cru avoir omis une diftinction importante, relativement aux
procès dans lefquels il feroit prononcé
des condamnations de dépens au profit
de l'Affociation, & que dans ce cas
les Avocats & Procureurs devoient être
payés de leurs travaux refpectifs ; mais
leur délicateffe en a été allarmée : &
afin de fignaler un plus grand définté-
reffement, ils ont défiré que l'on ne
fit aucune diftinction entre les procès
gagnés & ceux perdus ; & que même,
dans le premier cas, leur miniftère
gratuit procurât à l'Affociation de plus
grandes reffources, en verfant dans fa
caiffe le montant des condamnations
de dépens prononcés à fon profit. Ainfi,
dans tous les cas poffibles, les Avocats
& les Procureurs défendront gratuitement les Cliens qui leur auront été
adreffés par le Comité d'Adminiftration.

ART. III.

Les Commissaires Associés feront gratuitement les procès-verbaux, enquêtes & interrogatoires sur faits & articles relatifs aux procès dont l'Association aura embrassé la défense, & il ne leur sera remboursé que le prix du papier timbré & des expéditions.

ART. IV.

Les Notaires Associés recevront ou délivreront gratuitement les actes relatifs aux procès que l'Association de Bienfaisance aura adoptés, & il ne leur sera remboursé que le prix du papier & du parchemin timbré, ou autres avances par eux faites.

ART. V.

Il y aura un registre destiné à inscrire les soumissions des personnes étrangères à l'Association, mais qui ayant des professions relatives à l'Ordre Judiciaire, offriront de lui consacrer gratuitement leur ministère.

CHAPITRE IV.

Des indemnités que l'Association se propose d'accorder aux Accusés qui auront été absous.

ARTICLE PREMIER.

L'Association ayant délibéré de ne se charger que des causes qu'elle aura estimé bonnes & justes, d'après la décision de l'un des Bureaux de son Comité Judiciaire, & le ministère de ses défenseurs étant gratuit, elle espère que ses fonds ne pourront être absorbés par les frais de procédure, & pouvoir étendre dès-à-présent ses bienfaits jusques sur les Accusés qui auront été absous.

ART. II.

Les indemnités ci-dessus annoncées, ne seront accordées qu'à ceux qui auront été jugés dans un des Tribunaux de la Généralité de Paris, ou au Par-

lement par appel de Jugement rendu
en l'un de ces Tribunaux.

A R T. I I I.

Si un Accuſé abſous avoit été pour-
ſuivi à la requête d'une Partie civile,
il n'y aura lieu à aucune indemnité.

A R T. I V.

La Bienfaiſance devant toujours être
éclairée pour être exercée ſagement,
& guidée par un eſprit de juſtice pour
en ménager les moyens, les indemnités
annoncées par l'article précédent ne
feront accordées qu'autant que l'Accuſé
abſous n'aura laiſſé, ſoit par ſa con-
duite antérieure, ſoit dans les circonſ-
tances du procès, aucun ſoupçon dans
l'opinion de ſes Juges ; ce qui ſera vérifié par les informations que le Comité d'Adminiſtration chargera un de
ſes Membres de lui procurer.

A R T. V.

Ceux qui prétendront à des indemnités ſeront tenus de préſenter un mé-

(139)

moire au Comité d'Adminiftration, &
d'y joindre 1°. une expédition de leur
Jugement, 2°. un extrait de leur écrou.

A R T. V I.

Les indemnités que l'Affociation fe
propofe d'accorder aux innocens ab-
fous, n'auront lieu que pour Arrêts &
Jugemens rendus depuis le premier
Janvier 1788.

C H A P I T R E V.

De l'Agent de l'Affociation.

A R T I C L E P R E M I E R.

Le Comité d'Adminiftration eft &
demeure autorifé à faire choix d'un
Agent qui tiendra les regiftres de l'Affociation fous l'infpection du Comité &
du Secrétaire de l'Affociation, à déterminer les appointemens de cet Agent,
& même à lui accorder en fin de l'année
une gratification proportionnée au travail dont il aura été chargé, & aux ref-

sources de l'Association, à condition
toutefois de ne pouvoir jamais, ni dans
aucun cas, rien exiger ni recevoir des
Clients de l'Association.

A R T. I I.

L'Agent fera toutes les démarches
qui lui feront indiquées par le Comité
d'Administration, par les Bureaux du
Comité Judiciaire, & par les Défenseurs des Clients de l'Association : il
recevra les mémoires & pièces qui
feront destinés à passer sous les yeux
du Comité ; il assistera à toutes les
Assemblées générales & particulières
pour y tenir la plume, faire signer les
feuilles d'Assemblées ; il adressera les
lettres de convocation pour les Assemblées.

A R T. I I I.

L'Agent ne pourra être révoqué &
changé que par le Comité d'Administration, & pour des causes graves : en
cas de plaintes formées contre lui, la
pluralité des deux tiers des voix déci-
dera de son fort.

OFFICIERS

DE L'ASSOCIATION

DE

BIENFAISANCE JUDICIAIRE.

Comité d'Administration.

M. le Duc DE CHAROST, Pair de France, Préſident.

M. BOUCHER D'ARGIS, Conſeiller au Châtelet, ſecond Préſident.

M. DE FLESSELLES, Conſeiller d'Etat, troiſième Préſident.

M. MOREAU, Conſeiller d'Etat, premier Rapporteur.

M. CHUPPIN, Conſeiller de Grand-Chambre, ſecond Rapporteur.

M. BARON, Conſeiller au Châtelet, Secrétaire.

M. PINON DU COUDRAY, premier Secrétaire de l'Intendance, Tréforier.

Membres du Comité.

M. le Duc DE GÊVRES, Pair de France.

M. BOUCHER D'ARGIS, Avocat au Parlement.

M. PETIT, Procureur au Parlement.

M. TARGET, Avocat au Parlement.

M. le Comte DU ROURE.

M. PICARD, Avocat au Parlement.

M. LE COUTEULX DE LA NORAYE, Banquier.

M. LE SÉNÉCHAL, Administrateur-Général des Domaines du Roi.

M. MAUGIS, Procureur au Châtelet.

M. FAGNIER DE MARDEUIL, Conseiller au Parlement.

M. DOSFANT, Notaire au Châtelet.

M. DE JOLY, Avocat aux Conseils du Roi.

COMMISSAIRES AUX ASSEMBLÉES

Pour l'Année 1788.

M. HUREL, Payeur des Rentes.

M. AGASSE DE CRESNE, Gentil-homme Servant du Roi.

COMITÉ JUDICIAIRE,

DIVISÉ

EN QUATRE BUREAUX.

PREMIER BUREAU.

M. FLAMENT, Procureur au Parlement.

M. GRANDIN, Commissaire au Châtelet.

M. DE LA BONNE, Procureur au Châtelet.

M. FAUCHÉ, Conseiller honoraire au Conseil Supérieur du Port-au-Prince.

M. BIGOT DE PREAMENEU, Avocat au Parlement.

M. DEHERAIN, Notaire au Châtelet.

M. DE SEZE, Avocat au Parlement.

M. DU LYS, ancien Lieutenant-Criminel du Châtelet.

M.

M. Bouché d'Urmont, Avocat aux Conseils du Roi.

DEUXIÈME BUREAU.

M. Morel de Vindé, Conseiller au Parlement.

M. Foisy de Tremont, Avocat au Parlement.

M. Charpentier, Procureur au Châtelet.

M. de la Malle, Avocat au Parlement.

M. de la Monnoie, Procureur au Parlement.

M. Dubois, Commissaire au Châtelet.

M. Provost, Notaire au Châtelet.

M. du Tillet, Avocat aux Conseils du Roi.

M. Vieillot, Conseiller au Châtelet.

TROISIÈME BUREAU.

M. de Perey, Procureur au Châtelet.

G

M. DE GOUYE, Conseiller au Châtelet.

M. FAUCONNIER, Avocat au Parlement.

M. MAIGNAN DE SAVIGNY, Avocat au Parlement, Doyen honoraire de l'Amirauté.

M. BRELUT DE LA GRANGE, Notaire au Châtelet.

M. DE TOUROLLE, Conseiller au Parlement.

M. GODARD, Avocat au Parlement.

M. CHAMPION DE VILLENEUVE, Avocat aux Conseils.

M. PELLETIER DE RILLY, ancien Procureur au Parlement.

QUATRIÈME BUREAU.

M. PREVOST DE St. LUCIEN, Avocat au Parlement.

M. CHEPY, Procureur au Parlement.

M. BODKIN DE FITZ-GERALD, Conseiller au Parlement.

M. GUICHARD, Procureur du Roi
du Domaine.

M. DESNOIS DE MONTCHEVREUIL,
Conseiller au Châtelet.

M. DE BRUGES, Procureur au Châtelet.

M. DAUPHINOT, Avocat au Parlement.

M. MAIGRET, Notaire au Châtelet.
M. MAUGIS, Avocat aux Conseils.

LISTE

DES MEMBRES

DE L'ASSOCIATION

DE BIENFAISANCE

JUDICIAIRE,

Fondée en 1787, suivant leur Ordre d'Inscription sur le Registre de l'Association.

MEMBRES DE LA CRÉATION DE L'ASSOCIATION.

Premier Décembre 1787,

1 M. BOUCHER D'ARGIS, Conseiller au Châtelet, des Académies de Rouen, Chaalons sur Marne, &c. rue d'Enfer, N°. 141, & second Président de l'Association en 1788.

Du 1er. Idem.

2 MM. LES AUTEURS du Journal
  de Paris.
  M. DE CORANCEZ, leur Député,
  au Bureau du Journal, rue Plâtrière.

Du 3 Idem.

3 M. DE PEREY, Procureur au Châtelet, rue Saint-Honoré, N°. 510.

4 M. BELLANGER, Avocat & Procureur-Général honoraire du Conseil Supérieur de Corse, Lieutenant particulier du Châtelet de
  Paris, &c. rue des Vieux-Auguſt.

5 M. FLAMENT, Procureur au Parlement, rue du Monceau-Saint-
  Gervais, N°. 8.

6 M. DE FORGUES, Bourgeois de
  Paris, rue Dauphine.

7 M. PETIT, Procureur au Parlement,
  rue des Vieilles - Etuves - Saint-
  Honoré, *Membre du Comité en* 1788.

7 *bis.* M. P. Jg.

G 3

Du 3 Idem.

8 M. CARLIER, Procureur au Châtelet, rue Galande, N°. 74.

9 M. DE GOUVE, Conseiller au Châtelet, rue Poissonnière, Barrière Sainte-Anne, N°. 111.

Du 4 Idem.

10 MM. LES ÉLÈVES DE M. DU BUFFE, Maître de Pension à Vincennes.
M. DU BUFFE, leur Député.

11 M. CHUPPIN, Conseiller de Grand'Chambre, rue du Temple, *Rapporteur en 1788.*

12 M. MOREL DE VINDÉ, Conseiller au Parlement rue Bar-du-Bec.

13 M. FOISY DE TREMONT, Avocat au Parlement, rue du Théâtre François.

14 M. CLIQUOT, Conseiller de S. A. S. Mgr. l'Electeur de Trèves, rue du Petit-Bourbon.

Du 5 Idem.

15 M. CHARPENTIER, le jeune, Procureur au Châtelet, rue S.-Merry.

Du 5 Idem.

16 M. DAMESME, ancien Officier du Roi & de la Reine, au coin de la rue de la Sourdière & de la Corderie, N°. 22.

17 M. COUPRY DU PRÉ, Greffier en Chef des Préfentations du Parlement, rue de Verneuil.

18 M. DAVOUS, Gentilhomme Servant du Roi, Hôtel de Jabak, rue Saint-Merry.

19 M. PREVOST DE ST. LUCIEN, Avocat au Parlement, rue Sainte-Apolline.

20 M. HUREL, Payeur des Rentes, rue Sainte-Avoye, N°. 20, *Commiffaire aux Affemblées en 1788.*

21 M. BAUDOT, Avocat au Parlement, rue Saint-André-des-Arcs, N°. 57.

Du 6 Idem.

22 M. DE LA MALLE, Avocat au Parlement, rue Saint-André-des-Arcs, N°. 28.

G 4

Du 6 Idem.

23 M. GRANDIN, Commissaire au Châtelet, rue de Gêvres.

24 M. FAUCONNIER, Avocat au Parlement, rue Saint-Louis au Marais, N°. 86.

25 M. DELABONNE, Procureur au Châtelet, rue de l'Homme-Armé.

26 M. HAY, Colonel des Gardes de la Ville, passage des Petits-Pères.

27 M. BARON, Conseiller au Châtelet, Intendant des Finances de MONSIEUR, Frère de S. M., rue du Puits, *Secrétaire perpétuel élu en 1788.*

28 M. le Comte D'ALBARET, Boulevard de la Comédie Italienne.

29 M. FAUREAU DE LA TOUR, Procureur au Parlement, rue du Four Saint-Germain, N°. 23.

30 M. MILON D'AINVAL, Receveur-Général des Finances, place Vendôme.

Du 6 Idem.

31 M. MOREAU, Conseiller d'Etat, ancien Procureur du Roi au Châtelet, rue des Tournelles, N°. 37, *Rapporteur en 1788.*

32 M. DENIZET, Procureur au Châtelet, rue de l'Eperon.

Du 7 Idem.

33 M. BACHOIS DE VILLEFORT, Lieutenant-Criminel au Châtelet, Quai Dauphin, Isle Saint-Louis.

34 M. DE VENET, ancien Capitaine de Cavalerie, Chevalier de St. Louis, rue de la Cerisaye, N°. 25.

Du 8 Idem.

35 M. DE BONNEVILLE, vis-à-vis le Jardin des Carmes, rue de Vaugirard.

36 M. RODIER, ancien Receveur des Fermes de Marseille, Hôtel Charni, rue des Barres.

Du 9 Idem.

37 M. FAUCHÉ, Conseiller honoraire au Conseil Souverain du Port-au-Prince, rue d'Enfer, N°. 141.

G 5

Du 9 Idem.

38 M. BIGOT DE PREAMENEU, Avocat au Parlement, rue du Dauphin, près les Tuileries.

Du 10 Idem.

39 M. LE VEILLARD, Doyen des Gentilshommes Servans du Roi, à Paſſy.

40 M. MAIGNAN DE SAVIGNY, ancien Avocat au Parlement, Doyen honoraire de MM. les Conſeillers de l'Amirauté de France, Cenſeur Royal, &c. rue des Bernardins.

41 M BOSCARY, Banquier, rue Feydeau.

42 M. PINON, père, Secrétaire du Roi, rue des Lyons-Saint-Paul, N°. 4.

43 M. FAGNIER DE MARDEUIL, Conſeiller au Parlement, rue & Iſle-Saint-Louis, *Membre du Comité en 1788.*

Du 10 *Idem.*

44 M. JAQUOTOT DE CHANGEY, Conseiller à l'Amirauté, rue des Deux-Portes-Saint-Jean, N°. 2.

45 M. TARGET, Avocat au Parlement, Conseiller au Conseil Souverain de Bouillon, de l'Académie Françoise, rue Sainte-Croix de la Bretonnerie, *Membre du Comité en 1788.*

46 M. MAUGIS, Procureur au Châtelet, Place Dauphine, N°. 26, *Membre du Comité en 1788.*

47 M. CHEPY, Procureur au Parlement, rue Boucher, N°. 29.

48 M. HAINES, Négociant en Estampes Angloises, au Musée, rue Dauphine.

Du 11 *Idem.*

49 M. PINON, Premier Secrétaire de l'Intendance de Paris, rue des Lyons-Saint-Paul, N°. 4. *Trésorier perpétuel élu en 1788.*

50 M. DE MONTESSUY, Secrétaire du Roi, rue n. des Mathurins.

G 6

Du 11 *Idem.*

51 M. BELLANGER DUVIVRAY, Avocat en Parlement, rue & fauxbourg Montmartre près du Boulevard.

52 M. DE CANCY, rue & près l'hôtel de Ventadour.

53 M. DE LA MONNOIE, Avocat & Procureur au Parlement, rue Saint André-des-Arcs.

Du 12 *Idem.*

54 M. DE BRUNVILLE, Conseiller honoraire au Parlement de Paris, Procureur du Roi au Châtelet, rue Neuve du Luxembourg.

55 M. GUÉNIN, ancien Négociant, Bourg. de Paris, Quai de l'Ecole.

56 M. LE SÉNÉCHAL, Administrateur-Général des Domaines, rue du Temple. *Membre du Comité en* 1788.

57 M. DE PILLE, Contrôleur du Greffe, Procureur en la Chambre des Comptes, rue de Grammont.

Du 12 Idem.

58 M. BRELUT DE LA GRANGE, Notaire, rue Montmartre, près la rue de Clery.

Du 13 Idem.

59 M. LE BLOND, Doyen des Notaires & Procureur au Bailliage de Meulan, à Meulan.

60 M. DUBOIS, Commissaire au Châtelet, rue de Chabannois.

61 M. DE TOUROLLE, Conseiller au Parlement, rue du Temple.

62 M. DE VERSY, Procureur au Châtelet, rue Mazarine.

63 M. POPELIN, Secrétaire de M. Titon, Conseiller de Grand'Chambre, rue de la Tixeranderie, N°. 91.

Du 15 Idem.

64 M. DUMOULIN, ancien Directeur des Domaines, cul-de-sac Taitbout.

Du 17 Idem.

65 M. DE JOLY, Avocat aux Conseils du Roi, rue des Juifs au Marais, N°. 10. *Membre du Comité en* 1788.

66 M. BIENAIMÉ, Avocat au Parlement, Quai de l'Ecole.

67 M. CONTANT, ancien Procureur au Parlement, rue du Cimetière-Saint-André.

68 M. VALLADON, Receveur des Consignations, Secrétaire du Roi du Grand-Collége, rue Jacob, N°. 17.

Du 19 Idem.

69 M. LOBBEZ, Procureur au Châtelet, rue Quincampoix, N°. 37.

70 M. DEHERAIN, Notaire, rue Coquillière.

71 M. BASCHER, ancien Avocat au Parlement, Bailli de Vaillé, rue & Isle Saint-Louis, N°. 22.

72 M. le Chevalier D'ABGUERBE, rue Neuve-St-Eustache, N°. 13.

Du 20 *Idem.*

73 M. PERINET D'ORVAL, Conseiller au Grand-Conseil, rue Neuve-
Saint-Euftache, N°. 13.

Du 21 *Idem.*

74 M. DE SEZE, Avocat au Parlement, rue du Chaume.

75 M. DE MARSOLLIER, Payeur des
Rentes, rue Saint-Marc.

76 M. GAUTHIER DE COUTANCES,
Conseiller en la Cour des Aydes
& Chambre des Comptes de
Montpellier, rue Saint-Marc.

77 M. BASSE, Négociant, rue de la
Coffonnerie.

78 M. DE LA CHAUSSADE,
Secrétaire du Roi, rue de Bondi,
N°. 51.

79 M. le Duc DE GÊVRES, Pair de
France, rue Neuve-Saint-Au-
guftin, (*deux Soucriptions*). Mem-
bre du Comité en 1788.

Du 21 Idem.

80 M. le Duc DE CHAROST, Pair de France, rue de Bourbon faux-bourg Saint-Germain, (*deux Souf-criptions*). *Préfident de l'Affociation en 1788.*

81 M. GODARD, Avocat au Parle-ment, rue des Foſſés Montmar-tre, N°. 42.

Du 23 Idem.

82 M. HUET, Négociant au Cap François, fauxbourg St-Denis, N°. 9.

83 M. DU CHANOY, Médecin, rue Saint-Victor.

Du 24 Idem.

84 M. COLLOT, Secrétaire du Roi, rue Montmartre, N°. 90, près Saint-Joſeph.

Du 25 Idem.

85 M. DE VAINES, Receveur-Général des Finances, rue Royale, Place Louis XV.

(161)

Du 28 Idem.

86 M. BODKIN DE FITZ-GERALD, Conseiller au Parlement, rue Saint-Dominique d'Enfer.

87 M. PROVOST, Notaire, rue Croix-des-Petits-Champs.

88 M. DE LA VALETTE, Intendant & Contrôleur-Général des Ecuries de MONSIEUR, Frère de S. M., rue du Sentier.

89 M. DU TILLET, Avocat aux Conseils, rue du Bouloy.

90 M. BOUCHER D'ARGIS DE GUILLERVILLE, Receveur particulier des Finances de l'Election de Senlis, rue Croix-des-Petits-Champs.

91 M. CASTEL, Notaire, vis-à-vis la rue de la Sourdière, rue Saint-Honoré.

Du 29 Idem.

92 M. AGASSE DE CRESNE, Gentilhomme Servant du Roi, rue Pavée Saint-André, *Commissaire aux Assemblées en 1788.*

Du 30 *Idem.*

93 M. CLERAMBOURG, Avocat en
Parlement, rue Saint-Honoré,
N°. 359.

Du 31 *Idem.*

94 M. BT....., rue.............,...

Premier Janvier 1788.

95 M. PREVOST DE CHANTEMESLE,
Avocat en Parlement, Hôtel
Chaboſt, Place Royale.

Du 2 *Idem.*

96 M. GEOFFROY DE LIMON, Contrôleur-Général, & Intendant
des Finances de Mgr. Duc d'Or-
léans, rue des Bons-Enfans.

97 M. GUICHARD, Procureur du Roi
au Bureau des Finances & Chambre du Domaine, rue Sainte-
Apolline.

Du 4 *Idem.*

98 M. SAVALETTE, père, Conſeiller
d'Etat, Garde du Tréſor-Royal,
rue Saint-Honoré.

Du 4 Idem.

99 M. SAVALETTE DE LANGES,
Garde du Tréfor-Royal, rue
Saint-Honoré.

100 M. DE LA MILLIERE, Intendant
des Finances, rue Sainte-Anne.

Du 5 Idem.

101 M. DENOIS DE FONTCHE-
VREUIL, Conſeiller au Châtelet, rue Ventadour, N°. 13.

102 M. VIEILLOT, Conſeiller au
Châtelet, rue de Richelieu,
N°. 21.

103 M. DE FLESSELLES, Conſeiller
d'Etat, rue Bergère, *troiſième
Préſident en* 1788.

Du 6 Idem.

104 M. le Marquis DE GONDRE-
COURT, Place Royale, N°. 2.

Du 7 Idem.

105 M. le Comte DE RAIMECOURT,
Chauſſée des Minimes, N°. 11

106 M. LEZURIER, Avocat au Parlement, rue des Billettes.

Du 9 Idem.

107 M. SIAU, Adminiſtrateur des
Vivres, rue Neuve des Capucines, N°. 74.

Du 10 Idem.

108 M. DOSFANT, Notaire au Châtelet de Paris, rue de l'Arbre-
Sec. *Membre du Comité en 1788.*

Du 10 Idem.

109 M. RENOUARD , Avocat, rue
Sainte-Apolline.

110 M. CHAMBERT, Secrétaire de
M. le Lieutenant Civil, rue Ste-
Croix de la Bretonnerie.

111 M. BOUCHER D'ARGIS, ancien
Avocat au Parlement, ancien
Echevin de la Ville de Paris,
ancien Conſeiller au Conſeil
Souverain de Dombes , Con-
ſeiller au Conſeil Souverain de
Bouillon, rue d'Enfer , N°. 141.
Membre du Comité en 1788.

112 M. HUET DE LA MARLIERE,
Ecuyer , à Saint-Germain-en-
Laye.

Du 10 Idem.

113 M. MESENGE, Procureur au Châtelet, rue Michel-le-Comte, N°. 5.

114 M. RIOT, Greffier au Châtelet, rue Saint-Sauveur, N°. 52.

115 M. DE BRUGE, Procureur au Châtelet, rue Michel-le-Comte, N°. 25.

Du 11 Idem.

116 M. le Baron de VILLEMENANT, Meſtre-de-Camp d'Infanterie, Lieutenant des Cent-Suiſſes, &c. rue de Bondi.

117 M. SAROT, Avocat au Parlement, rue Galande, N°. 54.

118 M. l'Abbé BEGART, ancien Curé de Mareuil-les-Meaux, &c. rue Royale, Place Louis XV, N°. 17.

Du 12 Idem.

119 M. PICARD, Avocat au Parlement, Juge-Auditeur au Châtelet de Paris, rue Sainte-Croix de la Bretonnerie, *Membre du Comité en 1788.*

Du 12 Idem.

120 M. DU PONT, Conseiller d'Etat,
&c. Cul-de-Sac de la Corderie.

121 M. DULYS , ancien Lieutenant-
Criminel de Paris, Vieille rue
du Temple, N°. 11.

122 M. CELSE, Barrière St-Jacques.

123 M. DAUPHINOT , Avocat au
Parlement, rue Saint-Victor.

124 M. BONNARD, Avocat en Parlement, Agent de la Cour Pala-
tine des Deux Ponts, Place des
Victoires, N°. 3.

125 M. DUFRESNE DE SAINT-
CERGUES, Secrétaire du Roi,
rue de Paradis, N°. 18.

126 M. LE COUTEULX DE LA NO-
RAYE, Banquier, Administra-
teur de la Caisse d'Escompte,
rue Montorgueil. *Membre du Comité en* 1788.

127 M. DELAFONT , Secrétaire du
Roi, rue Plâtrière.

Du 13 Idem.

128 M. le Marquis DE GOUY D'ARSY, Colonel en second du Régiment des Cuirassiers du Roi, rue de Provence, Fauxbourg Montmartre.

129 M. YVELIN DU JONQUAY, ancien Prieur de Sainte-Croix de la Bretonnerie, rue du Chaume, Maison de la Merci.

Du 14 Idem.

130 M. VENARD le Jeune, Négociant, au Pecq, près Saint-Germain-en-Laye.

Du 15 Idem.

131 M. BOROZ, ancien premier Commis de la Maison du Roi, rue du Bouloy, n°. 36.

Du 16 Idem.

132 M. BERTIER, Intendant de la Généralité de Paris, rue de Vendôme.

Du 17 Idem.

133 M. CHAMPION DE VILLE-
NEUVE, Avocat aux Conſeils,
rue Saint-Antoine, vis-à-vis celle
Fourcy.

Du 18 Idem.

134 UN MAGISTRAT, rue

135 M. TEXIER, rue

136 M. GRAND, rue

137 M. LAVABRE, rue

138 M. VINCENS, Directeur & Caiſ-
ſier-Général de la Caiſſe d'Eſcompte, rue Saint-Joſeph.

139 M. le Marquis DE SAISSEVAL,
rue de Bourbon, Fauxbourg
Saint-Germain.

Du 22 Idem.

140 M. COLIN l'aîné, Procureur au
Châtelet, rue Croix-des-Petits-
Champs, Hôtel de Luſſan.

Du

du 24 Idem.

141 M. BOUCHÉ D'URMONT , Avocat aux Conseils du Roi , Conseiller au Conseil Souverain de
Bouillon , rue de la Tixeranderie , cul-de-sac Saint-Faron.

142 M. BAILLY DU COUDRAY , rue
Sainte-Croix de la Bretonnerie ,
près celle de l'Homme-Armé.

Du 25 Idem.

143 M. DE COURCHATON , Conseiller
au Parlement de Besançon.

Du 28 Idem.

144 M. GAMBART , premier Commis
du Clergé , rue d'Artois.

Du 29 Idem.

145 MM. les Administrateurs de la Ma-
nufacture Royale de l'Horlogerie.
Leur Député , M. BRALLE , chez
M. Castel, Notaire, rue St-Honoré.

146 M. PÁRIS , Dessinateur du Ca-
binet du Roi , & Architecte de
Sa Majesté , rue Poissonnière.

H

Du 6 Février.

147 M. TASSIN, Banquier, Adminif-
trateur de la Caiffe d'Efcompte,
rue neuve des Petits-Champs,
hôtel de Reynel, N°. 6.

148 M. TASSIN DE L'ETANG, Officier des Chaffes du Roi, rue
neuve des Petits - Champs, même demeure.

149 M. PANCKOUCKE, Libraire, rue
des Poitevins, Hôtel de Thou.

150 M. CLOUSIER, Imprimeur du Roi,
rue de Sorbonne.

151 M. MAIGRET, Notaire, rue
Sainte-Avoie.

Du 8 Idem.

152 M. LE BOUCHER, Libraire du
Châtelet, rue de la Calandre.

Du 11 Idem.

153 M. BIJOT, Procureur au Parlement, rue des Bernardins.

Du 12 Idem.

154 M. le Comte DU ROURE, ancien Menin de Mgr. le Dauphin, père de S. M., Lieutenant-Général des Armées du Roi, rue de Bourbon, Fauxbourg Saint-Germain. *Membre du Comité en 1788.*

Du 14 Idem.

155 M. GOJARD, premier Commis des Finances, rue neuve des Petits-Champs.

Du 16 Idem.

156 M. BAILLEUL, Avocat au Parlement, rue des Carmes.

157 M. ROUSTAIN DE LA BAROLIÈRE, Banquier Expéditionnaire en Cour de Rome, rue des Foſſoyeurs.

Du 17 Idem.

158 M. ARTAUD, Procureur au Parlement, rue Chriſtine.

H 2

Du 18 Idem.

159 M. ICHALETTE, hôtel de Cara-
man, rue & barriere Saint-
Dominique.

Du 21 Idem.

160 S. A. S. Mgr. la Duc DE BOUIL-
LON, Grand-Chambellan de
France, Quai Malaquais, (*deux
Souscriptions*).

Du 22 Idem.

161 M. TAILLEPIED DE BONDY,
Receveur-Général des Finances,
rue de Richelieu.

Du 24 Idem.

162 M. PELLETIER DE RILLY, ancien Procureur au Parlement,
quai des Miramionnes.

Du 25 Idem.

163 M. DE SAINT-AMAND, Fermier-
Général, rue d'Artois.

164 M. MAUGIS, Avocat aux Conseils du Roi, rue Bar-du-Bec.

165 M. LE MOINE, rue....

Du 25 Idem.

166 M. l'Abbé de Césarges, Maître de l'Oratoire de S. M., au Château des Tuileries, pavillon de Marſan.

Du 26 Idem.

167 M. Audibert de Marseilles, chez M. de la Roche, rue de Poitou.

168 M. de Couteulx du Moley, Banquier & Adminiſtrateur de la Caiſſe d'Eſcompte, rue Montorgueil.

Du 2 Mars.

169 M. Le Maitre, Secrétaire des Finances, rue Sainte-Croix de la Bretonnerie.

Du 4 Idem

170 M. Imbert de Lonnes, Médecin Conſultant de Monſeigneur, Comte d'Artois, rue Croix-des-Petits-Champs.

H 3

Membres admis depuis & en conformité
des Statuts de l'Association.

Du 19 Idem.

171 M. MONGINOT, Maître des Comptes, rue du Temple, vis-à-vis la rue Chapon.

172 M. DE LA VALETTE, chez M. le Normand, place Vendôme.

173 M. PULLEU, Avocat au Parlement, rue de la Tixeranderie.

174 M. CADET DE GASSICOURT, fils, rue Saint-Honoré.

Du 2 Avril.

175 M. RINGARD, Curé de Saint-Germain-l'Auxerrois.

176 M. POMIEZ, Commissaire des Guerres, rue d'Anjou, au Marais.

177 M. GIRARD, Notaire, rue Saint-Martin.

178 M. MARIETTE, Avocat en Parlement, Bailly de Milly en Gâtinois, aux Bordes, près Corbeil.

Du 2 Idem.

179 M. CHASSEING DE CHASSELAYE, Conseiller au Parlement, rue Férou.

180 M. HEMAR, Subſtitut de M. le Proreur du Roi au Châtelet, rue des Quatre-Fils.

181 M. LANGLOIS, Notaire, rue de la Monnoie.

Du 16 Idem.

182 M. NINNIN, ancien Commiſſaire au Châtelet, rue des Arcis.

183 M. SALVAN, ancien Correſpondant des Etats de Bourgogne, rue des Filles-Saint-Thomas, Nº. 15.

184 M. RODIER, Grand-Maître des Eaux & Forêts de Touraine, rue Saint-Honoré, près les Capucines.

H 4

Du 16 Idem.

185 M. Aucante , Procureur au Parlement , rue de Jouy.

186 M. le Vicomte DE MARLOT , à Paffy , Maifon de M. le Veillard.

187 M. JOURDAIN , Avocat aux Confeils , rue d'Angiviller.

Du 7 Mai.

180 M. HARDOUIN DE LA REYNERIE , Avocat au Parlement , rue du Jardinet.

189 M. le Comte DE BEUIL , Officier aux Gardes Françoifes , rue Portefoin.

190 M. ORILLARD , Négociant , rue Saint-Denis , vis-a-vis la rue aux Fers.

Du 3 Decembre.

191 M. CLAVIER , Confeiller au Châtelet , rue des Tournelles.

Du 3 Idem.

192 M. LEFEBVRE DES VALLIERS , Huiffier-Prifeur , rue de la Vieille Draperie.

193 M. USQUIN DE RUÉVILLE , Avocat au Parlement , rue Saint-Anne, N°. 92.

194 M. DE MOLIERES , Procureur au Parlement , Montagne Sainte-Geneviève.

195 M. HEMAR , Banquier Expéditionnaire en Cour de Rome , rue Bourg-l'Abbé.

196 M. GIBERT DELISLE , Notaire , rue Saint-Merri.

197 M. LORGERY, Avocat en Parlement, Prevôt de Montlhéry , rue & Cour des Mathurins.

198 M. BOIN , Commiffaire au Châtelet , rue de la Vieille Bouclerie.

H 5

Du 17 Idem.

199 M. le Marquis DE LA FAYETTE, Maréchal de Camp, ancien Major-Général des Armées des Etats-Unis de l'Amérique, rue de Bourbon, fauxbourg Saint-Germain, N°. 81.

(182)

LISTE

DES DAMES BIENFAITRICES DE L'ASSOCIATION.

Du 3 Décembre 1787.

1 Mademoiselle BRAYER, rue des La-
vandieres Saint-Oportune.

Du 5 Idem.

2 Madame VITTEMENT, rue Bou-
cherat.

Du 11 Idem.

3 Mademoiselle T . . . . . .

Du 13 Idem.

4 Madame la Comteſſe DE DILLON,
rue des Deux-Portes Saint-Jean.

Du 21 Idem.

5 Madame VATRIN, rue d'Amboiſe.

Du 29 Idem.

6 Madame AGASSE DE CRESNE, rue Pavée Saint-André-des-Arcs.

Du 5 Janvier 1788.

7 Madame la Comteſſe DE LA MARK, au Louvre.

Du 29 Idem.

8 Madame MOREAU, Epouſe de M. Moreau, Conſeiller d'Etat, ancien Procureur du Roi au Chatelet, rue des Tournelles, N°. 37.

Du 22 Février.

9 Madame LE COUTEULX DE LA NORAYE, Douairiere, rue Montorgueil.

Du 12 Mars.

10 Madame DE BINANVILLE, quai Dauphin, iſle Saint-Louis.

Du 26 Idem.

11 Madame HUREL, rue Sainte-Avoie, Hôtel de la Tremoille.

TABLE ALPHABÉTIQUE

DES NOMS

DE MM. LES ASSOCIÉS.

Avec les Numéros de leur Liste.

MM.	Nᵒˢ.	MM.	Nᵒˢ.
A.		**B.**	
Abguerbe, (Chᵉʳ d')	72	Bachois,	33
Agaſſe de Creſne,	92	Bailleul,	156
Albaret, (Comte d')	28	Bailli du Coudray,	142
Amand, (de Sᵗ.)	163	Baron,	72
Argis, (Boucher d')		Baſcher,	71
premier,	1	Baſſe,	77
Argis, (Boucher d')		Baudot,	21
ſecond,	90	Begart,	118
Argis, (Boucher d')		Bellanger, premier,	4
troiſième,	111	Bellanger, ſecond,	51
Artaud,	158	Bertier,	132
Aucante,	185	Beuil, (de)	189
Audibert,	167	Bienaimé.	66
		Bijot,	153
		Blond, (le)	69
		Bodkin de Fitz-Gerald,	
			86

I 3

MM.	Nᵒˢ.	MM.	Nᵒˢ.
D.		**E.**	

MM.	Nᵒˢ.
Damefme,	16
Dauphinot,	123
Davouft,	18
Deherain,	70
Denifet,	32
Defnois de Fontche-	
vreuil,	101
Dosfant,	108
Dubois,	60
Dufrefne de Saint-Cer-	
gues,	125
Dulys,	121
Dumoulin,	60
Dupont,	120
Du Tillet,	89

I 4

MM.	Nᵒˢ.	MM.	Nᵒˢ.

F.

Fauché,	37
Fauconnier,	24
Faureau de la Tour,	29
Fayette, (Mⁱˢ de la)	199
Flament,	5
Fleſſelles, (de)	103
Foiſy de Tremont,	13
Forgues, (de)	6

G.

Gambart,	144
Gaſſicourt, (Cadet de)	174
Gêvres, (Duc de)	79
Gibert de Liſle,	196
Girard,	177
Godard,	81
Gojard,	155
Gondrecourt, (Mⁱˢ de)	104
Gouve, (de)	9
Gouy, (Mⁱˢ de)	128
Grand, (le)	136
Grandin,	23
Grange, (Brelut de la)	58
Guenin,	55
Guichard,	97

MM.	Nos.	MM.	Nos.

H.

Haines,	48
Hardouin,	188
Hay,	26
Hemar, premier,	180
Hemar, second,	159
Huet,	82
Huet de la Marliere,	112
Hurel,	20

I.

| Ichalette, | 159 |
| Imbert de Lonnes, | 170 |

MM.	Nos.	MM.	Nos.

J.

Jaquotot de Changey, 44
Jolly (de) 65
Jourdain, 187
Journal de Paris, 2
Jg. (M. P.) 7 *bis.*

L.

Lafond, (de) 127
Langlois, 181
Lavabre, 137
Lefebvre des Valliers, 192
Lezurier, 106
Limon, (Geoffroy de) 96
Lobbez, 69
Lorgery, 197
Lemaître, 169
Lemoine, 165
Le Sénéchal, 56
Le Veillard, 39

| MM. | Nᵒˢ. | MM. | Nᵒˢ. |

M.

Magiſtrat, (un)	134
Maignan de Savigny,	40
Maigret,	151
Malle, (de la)	22
Mardeuil, (Faguier de)	43
Mariette,	178
Marlot, (Vᵗᵉ de)	186
Marſollier, (de)	75
Maugis, premier,	46
Maugis, ſecond,	164
Meſenge,	113
Milliere, (de la)	100
Milon d'Ainval,	30
Moley, (le Couteulx du)	168
Molieres, (de)	194
Monginot,	171
Monnoie, (de la)	53
Monteſſuy, (de)	50
Moreau,	31

N.

Ninnin,	182
Noraye, (le Couteulx de la)	126

MM.   Nᵒˢ.   MM.   Nᵒˢ.

Q.   R.

Raimecourt, (Cᵗᵉ de)
                                       105
Renouard,   109
Ringard,   175
Riot,   114
Rodier, premier,   36
Rodier, second,   184
Roure, (Cᵗᵉ du)   154
Rouſtain,   157

MM.	Nᵒˢ.	MM.	Nᵒˢ.

S.

Saiffeval, (Mⁱˢ de)	139
Salvn,	153
Sarot,	117
Savalette,	98
Savalette de Langes,	99
Seze, (de)	74
Siau,	107

T.

Target,	45
Taffin,	147
Taffin de l'Etang,	148
Texier,	135
Tourolle, (de)	61

MM.	Nos.	MM.	Nos.
U.		**V.**	
Usquin de Ruéville, 193		Vaines, (de)	85
		Valladon,	68
		Valette, (de la) 1er.	188
		Valette, (de la) 2d.	172
		Venard le jeune,	130
		Venet , (de)	34
		Versy, (de)	62
		Viellot ,	102
		Villemenant , (de)	116
		Vincens ,	139
		Vindé , (Morel de)	12

MM. Nᵒˢ. MM. Nᵒʳ.

X. Y.

Yvelin, 129

TABLE ALPHABÉTIQUE

DES DAMES BIENFAITRICES

DE L'ASSOCIATION.

Avec les Numéros de leur Liste.

Mmes.	N^{os}.	Mmes.	N^{os}.
A.		**B.**	
Agasse de Cresne,	6	Binanville, (de)	2
		Brayer,	1

Mmes.	N^{os}.	Mmes.	N^{os}.
C.			
		D.	
		Dillon, (Comtesse de)	4

Mmes.

N^{os}. Mmes.

N^{os}.

E.

F.

Mmes.	N^{os}.	Mmes.	N^{os}.
G.		H.	
		Hurel,	15

(213)

Mmes.   Nos. Mmes.   Nos.

    J.   K.

Mmes.	N^{os}.	Mmes.	N^{os}.

L.

M.

Mark, (Comtesse de la)		
Moreau,		7/8

Mmes.	N^os.	Mmes.	N^os.

N.

O.

Noraye , (le Couteulx
de la)   9

Mmes.   N^{os}. Mmes.   N^{os}.

P.   Q.

Mmes.

Mmes.	N^{os}.	Mmes.	N^{os}.
R.		S.	

K

Mmes.	N^{os}.	Mmes.	N^{os}.
	T.		U.
T..........	3		

Mmes.	Nos.	Mmes.	Nos.
	T.		U.
T..........	3		

Mmes.	N^{os}.	Mmes.	N^{os}.
	V.		X.
Vatrin,	5		
Vittement,	2		

Mmes.　　　　Nos.

Y.

CHANGEMENS ET ERRATA.

ERRATA.

Page 95, Article des Statuts, *lifez* :

Pour recevoir ce Scrutin, il fera établi dans une partie ifolée de la Salle, deux boëtes fermant à clef, dont une blanche & une noire, les Affociés mettront dans la boëte blanche le Numéro correfpondant à celui de l'Afpirant qu'ils voudront *admettre*, *& dans la boëte noire, le Numéro correfpondant à celui de l'Afpirant qu'ils voudront* rejetter, & afin de &c.

Page 151, N°. 16, *lifez* : M. Damefme, rue Saint-Thomas-du-Louvre, N°. 15.

Page 156, M. Bellanger du Vivray, *mort.*

Page 159, N°. 75, *lifez* : M. de Marfollier, rue de Miromenil.

Ibid. N°. 76, *lifez* : M. Gauthier de Coutances, rue de Miromenil.

Page 160, N°. 81, M. Godard, rue des Blancs-Manteaux, N°. 56.

(222)

Page 165, N°. 114, *lisez :* M. Riot, rue de Bondi, N°. 23.

Page 167, N°. 131, M. Boroz, *mort.*

Page 168, N°. 136, *lisez :* M. le Grand, rue Neuve-des-Capucines.

Ibid. N°. 137, *lisez :* M. Lavabre, rue Grange-Batelière.

O M I S S I O N.

Agent de l'Association.

M. Roulleau, rue de Bretagne, au Marais, N°. 54.

www.ingramcontent.com/pod-product-compliance
Lightning Source LLC
Chambersburg PA
CBHW061012280326
41935CB00009B/932